W9-AHH-131

un regalo para:

....

de:

....

STORMIE OMARTIAN

7 oraciones

QUE CAMBIARÁN SU VIDA PARA SIEMPRE

GRUPO NELSON
Una división de Thomas Nelson Publishers
Desde 1798

NASHVILLE   DALLAS   MÉXICO DF.   RÍO DE JANEIRO   BEIJING

© 2007 por Grupo Nelson
Publicado en Nashville, Tennessee, Estados Unidos de América.
Grupo Nelson, Inc. es una subsidiaria que pertenece
completamente a Thomas Nelson, Inc.
Grupo Nelson es una marca de Thomas Nelson, Inc.
www.gruponelson.com

Título en inglés: *Seven Prayers That Will Change Your Life Forever*
© 2006 por Stormie Omartian
Publicado por Thomas Nelson, Inc.

Diseño: The Design Works Group, www.thedesignworksgroup.com

Adaptación del diseño al español: *Grupo Nivel Uno, Inc.*
Traducción: *Luis Marauri*

ISBN-10: 1-60255-018-2
ISBN-13: 978-1-60255-018-6

Impreso en Estados Unidos de América

contenido

Los ojos del Señor están

sobre los justos, y sus oídos,

atentos a sus oraciones.

1 Pedro 3.12

Durante los dos primeros años que anduve con el Señor,
mis oraciones fueron más o menos como éstas:

«Dios, ayúdame a conseguir ese trabajo».

«Jesús, por favor sáname la garganta».

«Señor, dame bastante dinero para pagar estas
cuentas».

«Padre, quítame este temor».

Tardé un poco en darme cuenta de que esas
oraciones, hechas de improviso, no lograban muchos
resultados. La idea era que yo sola hiciera todo lo que
pudiera, y si necesitaba luego la ayuda de Dios, recurriera
a Él. El único problema era que a cada momento tenía
necesidad de su ayuda.

Me gustaba mucho el versículo que dice: «Pidan,
y se les dará; busquen, y encontrarán; llamen, y se
les abrirá» (Mateo 7.7). Le tomé la palabra a Dios y
comencé a pedir, buscar, y llamar a cada momento.
También me interesé mucho en el versículo que dice:
«No tienen, porque no piden» (Santiago 4.2). *¡Qué
bueno! Puedo remediar esto fácilmente*, pensé, y me puse
a pedir por todo. Pero todavía no era feliz, y no veía la
clase de respuesta a mis oraciones que deseaba.

Un día, mientras leía otra vez ese mismo versículo, se me abrieron los ojos al ver el siguiente: «Y cuando piden, no reciben porque piden con malas intenciones, para satisfacer sus propias pasiones» (Santiago 4.3). ¿Podría ser que mi manera de orar: «Dios dame esto, agita tu varita mágica aquí, sácame de este lío», no era lo que Dios deseaba para mi vida de oración? Con frustración total dije: «Señor, enséñame cómo debo orar».

¡Y Él hizo exactamente eso!

Comprendí que la oración no es sólo pedir cosas, aunque por supuesto, eso es parte de ella. Pero hay algo mucho más importante: la oración es hablar con Dios. Es acercarnos a Él, y pasar tiempo con Él, a quien amamos. Es buscarle a Él primero, tocarlo, llegarlo a conocer mejor, estar con Él y esperar en su presencia. Es reconocerlo como la fuente de poder, de quien podemos depender. Es tomar tiempo para decir: *Háblale a mi corazón, Señor, y dime lo que necesito oír.* Es tener compañía con Él. Es que nuestro espíritu esté de acuerdo con el suyo para asegurarnos de hacer su voluntad perfecta. Es establecernos y establecer nuestras vidas en unidad total con Dios.

No podemos recibir lo mejor que Dios tiene para nuestra vida, y no podemos rechazar las cosas que nunca fueron su voluntad para nosotros, excepto mediante la oración. No podemos dejar nuestra vida al azar. Tenemos que orar por todo siempre, no sólo cuando haya problemas. Tenemos que orar por todo lo que nos concierne, sin importar cuán grande («Para Dios no hay nada imposible», Lucas 1.37) o cuán pequeño sea («Él les tiene contados a ustedes aun los cabellos de la cabeza», Mateo 10.30).

Sin reducir la oración a una fórmula, en este libro he descrito brevemente siete tipos básicos de oraciones que pueden producir una paz perdurable y un cambio positivo en su vida. Pero por favor, no se sienta cohibido por estas categorías. Son sólo eso, categorías y sugerencias. Tampoco se preocupe por la forma en que se ore o se hable en la iglesia. La Biblia nos dice cuál es el requisito básico para la oración: «Cualquiera que se acerca a Dios tiene que creer que Él existe y que recompensa a quienes lo buscan» (Hebreos 11.6).

Mientras más ore, más encontrará por qué orar, y más será guiado a orar por otros. No permita que el desaliento por las oraciones que no hayan sido contestadas le haga dudar que Dios le haya oído. Si ha recibido a Jesús y ora en Su nombre, entonces Dios le oye y algo pasa, ya sea que lo vea o no lo vea manifestado en su vida ahora. De hecho, cada vez que ora, avanza los propósitos de Dios para usted. Sin la oración, todo lo que Dios quiere para usted no puede pasar.

STORMIE OMARTIAN

Oraciones

La oración de

Confesión

Me dije:
«Voy a confesar mis transgresiones al SEÑOR»,
     y tú perdonaste mi maldad y mi pecado.

—SALMO 32.5

LA
Oración

DE CONFESIÓN

LA PALABRA «PECADO» es un término antiguo del tiro con arco que significa no dar en el blanco. Cualquier otra cosa, aparte de dar justo en el centro, es pecado. Por tanto, el pecado en nuestras vidas no significa sólo robar una tienda de bebidas alcohólicas, asesinar a alguien, o jugar a las cartas el domingo. Es mucho más que eso. De hecho, algo que se aleje del centro de la voluntad buena y perfecta de Dios para nuestras vidas es pecado. ¡Eso incluye mucho terreno!

Cuando no se confiesa el pecado, éste se convierte en un tumor sutil que extiende sus tentáculos alrededor de cada parte de nuestro ser hasta que nos paraliza. El rey David describe con exactitud la agonía de su peso:

> Mientras guardé silencio, mis huesos se fueron consumiendo por mi gemir de todo el día. Mi fuerza se fue debilitando como al calor del verano, porque día y noche tu mano pesaba sobre mí. Pero te confesé mi pecado, y no te oculté mi maldad. Me dije: «Voy a confesar mis transgresiones al Señor», y tú perdonaste mi maldad y mi pecado.
>
> Salmo 32.3-5

Cuando no se confiesa el pecado, se levanta un muro entre nosotros y Dios. Así le hayamos puesto fin a ese pecado, si no se lo confesamos al Señor, todavía nos agobiará, arrastrándonos al pasado que tratamos de dejar atrás. Lo sé porque yo solía llevar a cuestas un bulto de fracasos que era tan pesado que apenas me podía mover. No me daba cuenta de cuán encorvada me había vuelto en lo espiritual. La verdad es que, cuando finalmente confesé mis pecados, sentí que se me había quitado aquel peso de encima.

Todos los que tenemos profundas heridas emocionales sufrimos de baja autoestima, temor y sentimientos de culpabilidad. Mentalmente nos damos una paliza, tendemos a pensar lo peor sobre nuestra situación y a sentirnos responsables de todo lo malo que pase a nuestro alrededor. Es cierto que podemos tener momentos en los que nos sintamos culpables de cosas que hayamos hecho, pero no tenemos que vivir torturados continuamente por la culpa. Dios nos dio la llave para liberarnos de esto: La oración de confesión.

A menudo pensamos que no somos responsables de ciertas acciones. Por ejemplo, aunque no es su culpa que alguien haya abusado de usted, su *reacción* a lo que le hicieron es responsabilidad suya. Tal vez se sienta justificado en su enojo o amargura, pero aun así debe confesarlo porque no da en el blanco de lo que Dios tiene para usted. Si no lo confiesa, su peso le aplastará finalmente.

La oración de confesión y arrepentimiento

Para que la confesión produzca resultados, debe ir acompañada de arrepentimiento. El *arrepentimiento* significa literalmente un cambio de parecer. Significa volver la espalda, alejarse y decidir no hacerlo otra vez. Significa que nuestro pensamiento esté exactamente de acuerdo con Dios. Es posible arrepentirse sin nunca admitir de verdad una falta. La verdad es que podemos convertirnos simplemente en personas muy buenas para disculparnos sin la intención de que haya un cambio. La confesión y el arrepentimiento equivalen a decir: «Es mi culpa. Lo siento mucho, y no lo voy a volver a hacer».

Tenemos que confesar y arrepentirnos de *todo* pecado para liberarnos de la esclavitud, ya sea que nos sintamos mal o no por lo que hayamos hecho, y ya sea que reconozcamos o no que es pecado. Un día, en la oficina de mi consejera cristiana, confesé en oración los dos abortos que me había hecho, aunque aún no tenía ningún concepto de cuán malo es el aborto. Yo siempre había visto el aborto como un medio de supervivencia, no como un pecado, pero eso no lo había convertido en bueno delante de los ojos de Dios. Había leído en la Biblia sobre el valor de la vida en el vientre y también leí: «Aunque la conciencia no me remuerde, no por eso quedo absuelto» (1 Corintios 4.4). No fui liberada de las garras mortales de la culpa por aquellos abortos hasta que me arrepentí y recibí el perdón pleno de Dios.

Cada vez que confiese algo, asegúrese de que sincera y realmente no *quiere* volver a hacerlo. Y recuerde que Dios «conoce los más íntimos secretos» (Salmo 44.21). Estar arrepentido no significa necesariamente que nunca lo volverá a hacer, sino que usted no tiene la intención de hacerlo otra vez. Si vuelve a cometer el mismo pecado una y otra vez, necesita confesarlo cada vez. Si ha cometido un pecado que ya había confesado el día anterior, no deje que se interponga entre usted y Dios. Confiéselo de nuevo. Siempre y cuando esté arrepentido de verdad, será perdonado y finalmente liberado. La Biblia dice: «Por tanto, para que sean borrados sus pecados, arrepiéntanse y vuélvanse a Dios, a fin de que vengan tiempos de descanso de parte del Señor» (Hechos 3.19).

Dichoso aquel a quien se le perdonan sus transgresiones.

SALMO 32.1

El diablo le tiene atrapado cuando queda algún pecado sin confesar. Regresar al mismo pecado repetidas veces no es ninguna excusa para no confesarlo. Debe mantener su vida totalmente abierta delante del Señor si quiere ser liberado de la esclavitud del pecado.

Usted no puede ser liberado de algo que no ha sacado de su vida. Confesar es decir toda la verdad sobre su pecado. Renunciar es adoptar una posición firme en contra del pecado y quitarle su derecho a permanecer. Como no somos perfectos, la confesión y el arrepentimiento son continuos. Siempre hay nuevos niveles de la vida de Jesús que tienen que obrar en nosotros. Estamos privados de la gloria de Dios en maneras que ni podemos imaginarnos.

LA ORACIÓN DE CONFESIÓN SANA SU CORAZÓN

Cuando se echan cimientos, hay que excavar la tierra. El problema es que la mayoría de nosotros no vamos bastante profundo. Aunque usted no puede ver todos sus errores todo el tiempo, puede tener un corazón que quiera ser enseñado por el Señor. Pídale a Dios que saque a la luz pecados de los que no es consciente, para que pueda confesarlos, arrepentirse de ellos, y puedan ser perdonados. Reconozca que todos los días hay algo que confesar, y ore frecuentemente como lo hizo David:

> Fíjate si voy por mal camino, y guíame por el camino eterno. (Salmo 139.24)
>
> Crea en mí, oh Dios, un corazón limpio, y renueva la firmeza de mi espíritu. (Salmo 51.10)
>
> Perdóname aquellos [errores] de los que no estoy consciente. (Salmo 19.12)

Hay ocasiones en las que creemos que no tenemos nada que confesar, si oramos por la revelación de Dios, Él nos muestra una actitud de falta de arrepentimiento, como la crítica o la falta de perdón, que ha echado raíces en nuestro corazón. Si la confesamos, eso impide que tengamos que pagar su precio emocional, espiritual y físico. Además, esa confesión beneficiará nuestra vida social ya que las imperfecciones de nuestra personalidad, que nosotros no podemos ver, son a menudo evidentes para otras personas.

La confesión es realmente un estilo de vida. Si no andamos como Dios quiere, si hacemos algo en desobediencia a su voluntad, como chismear, mentir, o hablarle de una manera degradante a alguien, tenemos que hacer borrón y cuenta nueva, y eso sólo viene mediante la confesión: *Dios, vengo delante de ti, y te*

confieso mi actitud hacia mi jefe. Me arrepiento de esa
actitud. Cada día quiero ser más como Cristo.

A veces cuando mi esposo, Michael, decía algo que
me ofendía, yo reaccionaba diciéndole algo igualmente
ofensivo. Eso sólo hacía que el conflicto se pusiera peor.
Pronto aprendí que antes de pedirle perdón a Michael,
tenía que pedirle perdón a Dios. Iba delante del Señor
y le decía: «Señor, perdóname lo que dije. Sé que me
comporté movida por la carne y no por el Espíritu».
Vi que confesárselo al Señor me ayudó a dejar de
comportarme así y a poder pedirle perdón a Michael con
una mejor actitud.

> *Quien encubre su pecado jamás*
> *prospera; quien lo confiesa*
> *y lo deja, halla perdón.*
>
> PROVERBIOS 28.13

Piense en su propia vida. ¿Alguna vez pasó algo similar entre usted y otra persona? ¿Tiene una actitud que debe confesar? De ser así, no dude en hacerlo. Cuanto antes lo haga, mejor será.

El pecado conduce a la muerte; el arrepentimiento conduce a la vida. Mientras más tiempo transcurra entre el pecado y el arrepentimiento más muerte cosechará en su vida. Si ha cosechado mucha muerte, los problemas no se irán al instante cuando lo confiese, pero su confesión habrá comenzado el proceso de cambiar totalmente lo que haya ocurrido como consecuencia del pecado.

Siempre tenga presente que los designios de Dios son para su bien. La confesión no es para que Él averigüe algo. Dios ya lo sabe. La confesión es para hacerle íntegro. Dios no está encima de usted, esperando para castigarle por las cosas malas que haga. Él no tiene que hacer eso porque el castigo es inherente al pecado. Como Dios sabe esto, Él le ha dado la llave de la confesión. Los que confiesan, encuentran misericordia y el poder ilimitado de Dios.

La oración de

Salvación

Nuestro Dios es un Dios que salva.

—SALMO 68.20

LA Oración

DE SALVACIÓN

HE PASADO MUCHOS AÑOS aprendiendo el significado de lo que se llevó a cabo cuando Jesús murió en la cruz, y es simplemente que *Jesús tomó todo lo que me espera a mí (dolor, enfermedad, fracaso, confusión, odio, rechazo y muerte), y me dio todo lo que le esperaba a Él (toda su integridad, sanidad, amor, aceptación, paz, gozo y vida)*. Por la gracia de Dios, podemos hacer la oración de salvación. Sólo tenemos que decir: «Jesús, ven, vive en mí y sé el Señor de mi vida».

7 oraciones

Cuando yo tenía poco más de veinte años, mi estilo de vida era motivado por una necesidad urgente de amor. Como consecuencia desastrosa de ese estilo de vida, tuve dos abortos en menos de dos años. Ambos fueron horribles y traumáticos, tanto física como emocionalmente (además que entonces el aborto era ilegal). Sin embargo, sentí más alivio que remordimiento por habérmelos hecho. Sólo años más tarde, después de que comencé a andar con el Señor y aprender de sus designios, me di cuenta de lo que había hecho.

Cuando Michael y yo decidimos tener un bebé, pasaron meses sin que pudiera quedar embarazada. Yo, quien antes había quedado embarazada tan fácilmente, pensé que seguramente estaba siendo castigada por los abortos.

«Dios, sé que no merezco dar a luz una nueva vida después de haber destruido dos veces la vida que tenía dentro de mí», oré. «Pero por favor ten misericordia y ayúdame a concebir».

Él contestó esa oración, y mis dos niños han sido el mayor ejemplo de la misericordia y la gracia de Dios hacia mí. *Él me dio exactamente lo que no merecía.*

LA ORACIÓN DE SALVACIÓN TRAE LA MISERICORDIA Y LA GRACIA DE DIOS

La gracia de Dios es para los que viven en su reino y cuyo reino vive en ellos. No podemos recibir su gracia a menos que lo recibamos a *Él*. Es un regalo que reside en Él, de su mano.

La gracia y la misericordia se parecen mucho. *La gracia se manifiesta cuando Dios se abstiene de castigar a una persona que es culpable. La misericordia es la compasión de Dios por nuestra miseria, más allá de lo que se puede esperar.* Necesitamos ambas.

El Señor… se complace en los que le temen, en los que confían en su gran amor.

SALMO 147.11

Si no fuera por la gracia *y* la misericordia de Dios, ni siquiera seríamos salvos, porque la Biblia nos dice: «Por gracia ustedes han sido salvados» (Efesios 2.8); «nos salvó… por su misericordia» (Tito 3.5). Antes de encontrar a Jesús éramos «culpables» y «miserables», pero su «gracia» y su «piedad» nos han salvado.

La gracia tiene que ver solamente con *Él.* Él lo hace todo. No nosotros. La gracia es siempre una sorpresa. Uno piensa que no va a suceder, y sucede.

La oración de salvación da entrada al reino de Dios

La salvación es más que algo que Jesús hizo por nosotros en la cruz del Calvario; es Jesús viviendo en nosotros. Tal vez usted haya nacido en una familia cristiana o haya asistido a una iglesia cristiana toda su vida, pero si no ha hecho la oración de salvación y no le ha dicho a Dios que quiere recibir a Jesús como su Salvador, no ha nacido en el reino de Dios. Nadie puede heredarlo ni conseguirlo por ósmosis, trasplante, o implante; tampoco por desearlo. Tiene que *declarar* su fe en Jesucristo.

Si quiere tener la vida de Jesús en usted, dígale: «Jesús, te acepto en este día. Creo que eres el Hijo de Dios, como tú dices que eres. Aunque sea difícil entender un amor tan grande, creo que entregaste tu vida por mí para que yo pueda tener vida eterna y abundante ahora. Te pido que me perdones por no vivir como tú quieres. Te necesito para que me ayudes a llegar a ser todo lo que, cuando me creaste, tenías en mente que yo fuera. Ven a mi vida y lléname de tu Espíritu Santo. Permite que toda la muerte que hay en mí sea excluida por el poder de tu presencia, y este día dale a mi vida un nuevo comienzo».

Si no se siente cómodo con esta oración, entonces hable con Jesús como lo haría con un buen amigo, y confiésele que usted ha cometido algunos errores. Dígale que no puede vivir sin Él. Pídale que le perdone y entre en su corazón. Dígale que lo recibe como Señor, y déle gracias por Su vida eterna y Su perdón.

«Yo soy el camino, la verdad y la vida», le contestó Jesús. «Nadie llega al Padre sino por mí». SALMO 147.11

Una vez que haya hecho la oración de salvación, usted será liberado de la culpa, su futuro estará seguro, y será salvo de la muerte en cada parte de su vida.

LA ORACIÓN DE SALVACIÓN TRAE LA LIBERTAD DE LA CULPA

Todo el mundo tiene algún tipo de sentimientos de culpabilidad por errores del pasado. A veces por cosas que hemos hecho, a veces un profundo pesar por lo que hubiéramos podido evitar, y de vez en cuando por la violación de ciertas leyes naturales que ni nos dimos cuenta de estarlas violando. Independientemente de la razón, la carga de culpa se asienta encima de nosotros con un peso aplastante, y a menos que sea eliminada nos impide tener una vida plena.

¿Qué es lo que puede quitarnos esa carga de culpa? Piense, por ejemplo, en el hombre que sacó el auto del garaje dando marcha atrás, y accidentalmente mató a su hija de dos años al pasarle por encima. O la mujer que se drogó cuando estaba embarazada y dio a luz a un niño con una lesión cerebral. ¿Y qué de la madre que accidentalmente mató de un balazo a su hijo adolescente, cuando una noche, ya tarde, él llegó a casa y ella creyó que era un ladrón? ¿Cómo encuentran esas personas libertad de los sentimientos de culpa por tales daños devastadores e irreparables?

¿Cómo vivimos usted y yo con remordimientos dolorosos? «Si tan sólo…» «Si no hubiera…» Estos pensamientos repiten la agonía de situaciones que nunca podremos cambiar. ¡Ya fue hecho! Y no hay ninguna manera de vivir con esa verdad, a menos que la entierre bien profundamente y nunca se permita sentirla otra vez. No hable de ella. No la mencione. El problema con esto es que usted piensa que se está librando de ella hasta que de nuevo comienza a salir a la superficie por sí misma. Entonces se manifiesta en alguna enfermedad, o quizás afecta su mente y sus emociones, volviéndole enojado o retraído, fóbico o deprimido; sucede como con la infección de una herida profunda que se venda rápidamente sin limpiarla y tratarla como es debido.

¿O qué de nuestra culpa por cosas que hayamos hecho que violaron las leyes de Dios, leyes de las cuales no estábamos conscientes entonces? No importa cuánto una mujer que haya abortado crea que su decisión fue correcta, nunca he oído a una decir: «Me he sentido realizada y enriquecida por esta experiencia». Tal vez se sienta aliviada de una carga, pero nunca piensa: «Qué cosa tan maravillosa he hecho. Sé que he realizado

realmente el propósito de Dios para mi vida y soy una
mejor persona debido a ello». Ya sea que lo reconozca
o no, la culpa está allí porque ha violado una ley de la
naturaleza.

¿Qué y quién pueden quitar esta culpa? Un amigo
que le diga: «No te preocupes por eso, no fue tu culpa»,
nunca le quitará lo que usted siente por dentro. Sólo
el perdón de Dios puede hacerlo. Cuando hacemos la
oración de salvación para recibir a Jesús como nuestro
Salvador, somos liberados inmediatamente de la pena de
nuestros errores pasados. Por primera vez somos libres de
tener que enfrentarnos al fracaso de nuestro pasado.

LA ORACIÓN DE SALVACIÓN TRAE PAZ Y VIDA ABUNDANTE

Cuando usted ora para recibir a Jesús como su Salvador,
tiene la paz de saber que su futuro está seguro. La Palabra
de Dios dice: «La voluntad de mi Padre es que todo el
que reconozca al Hijo y crea en Él, tenga vida eterna, y
yo lo resucitaré en el día final» (Juan 6.40). También su
futuro en esta vida está seguro. Dios le promete que si
lo reconoce como Salvador, Él le guiará con seguridad a
donde tenga que ir: «Reconócelo en todos tus caminos, y
Él allanará tus sendas» (Proverbios 3.6). Esto no significa

que tendremos al instante todos nuestros problemas solucionados y nunca volveremos a experimentar dolor, sino que tendremos el poder dentro de nosotros para alcanzar plenamente nuestro potencial.

Cuando Jesús murió en la cruz, también resucitó para romper el poder de la muerte sobre cualquiera que reciba Su vida. Jesús triunfó sobre la muerte, ya sea al final de esta vida o en las diferentes maneras en que nos enfrentamos a ella diariamente. En la muerte de nuestros sueños, finanzas, salud o relaciones personales, Jesús puede darnos su vida para resucitar cualquier lugar muerto en nosotros. Por lo tanto, no tenemos que desesperarnos. Él también le da a cada persona que se abre a Él una calidad de vida que es significativa, abundante y realizada. Jesús supera todas las limitaciones y nos permite hacer cosas que nunca habríamos podido realizar aparte de Él. Él es el único que puede darnos vida antes de la muerte así como vida en el más allá. Sin Él, morimos un poco todos los días. Con Él como nuestro Salvador, cada vez estamos más vivos.

LA ORACIÓN DE SALVACIÓN LE DA ENTRADA AL ESPÍRITU SANTO

El Espíritu Santo es el Espíritu de Dios enviado por Jesús para consolarnos, edificarnos, guiarnos a toda la verdad, traernos dones espirituales, ayudarnos a orar con más eficacia, y darnos sabiduría y revelación. El Espíritu Santo no es un vapor o una nube mística; Él es otra parte de Dios. Él es el poder de Dios y el medio por el cual Dios nos habla.

La Biblia dice: «Infundiré mi Espíritu en ustedes, y haré que sigan mis preceptos y obedezcan mis leyes» (Ezequiel 36.27). El Espíritu Santo imparte la integridad de Dios a nuestras vidas. Y no tiene que haber ningún temor ni misterio sobre esto, porque de toda la creación de Dios sólo nosotros tenemos un lugar especial donde su Espíritu puede residir. Ese lugar siempre estará vacío hasta que se llene de Él.

No queremos «[aparentar] ser piadosos» ni desmentir «el poder de la piedad» (2 Timoteo 3.5); si negamos así la eficacia de la piedad, limitaremos lo que Dios puede hacer en nuestras vidas. Tampoco queremos «siempre [estar] aprendiendo, pero nunca [lograr] conocer la verdad» (2 Timoteo 3.7). A menos que el Espíritu Santo nos instruya desde dentro, nuestro conocimiento de la verdad siempre será limitado. No limite lo que Dios puede hacer en su vida dejando de reconocer al Espíritu Santo en su vida.

Cuando oí por primera vez los nombres Ayudador y Consolador en referencia al Espíritu Santo, supe inmediatamente que quería esos atributos de Dios en mi vida. Me di cuenta de que para conseguirlos, primero tenía que reconocer la existencia del Espíritu Santo, y luego invitarlo a residir dentro de mí. Cuando lo hice, aprendí tres razones importantes para que seamos llenos del Espíritu Santo de Dios:

> para adorar a Dios más plenamente, para experimentar y comunicar el amor de Dios más completamente, para apropiar el poder de Dios en mi vida más eficazmente.

Sin embargo, he descubierto a través de los años que llenarnos del Espíritu Santo es algo continuo y cada vez más profundo. Tenemos que estar dispuestos a abrirnos a cada nuevo nivel y dimensión con el fin de que Él pueda capacitarnos para llevar a cabo lo que nunca pudimos hacer sin esta plenitud de su amor, poder y vida.

La oración de

Liberación

*Es [Dios] quien me arma de valor
y endereza mi camino.*

—SALMO 18.32

LA Oración

«No vales nada, y nunca llegarás a nada», me dijo mi madre, al mismo tiempo que me metía a empujones dentro del pequeño clóset que estaba debajo de la escalera y cerraba la puerta de un portazo. «¡Ahora te quedas ahí hasta que pueda soportar verte la cara otra vez!» El sonido de sus pasos se perdía a medida que bajaba por el pequeño pasillo de regreso a la cocina.

No estaba segura de qué había hecho para merecer que otra vez me encerrara con llave en el clóset, pero sabía que debía ser algo malo. Sabía que yo tenía que ser

43

mala, y creía que todas las cosas negativas que ella había dicho de mí en otras ocasiones eran ciertas. Después de todo, ella era mi madre.

El clóset era un área rectangular pequeña para almacenar cosas debajo de la escalera, donde se guardaba la ropa sucia en un viejo cesto de mimbre. Me senté encima del montón de ropa y subí los pies lo más que pude, para evitar la posibilidad de que los ratones, que periódicamente pasaban como una flecha por el suelo, me tocaran. Me sentía sola, rechazada y aterrorizada mientras esperaba en aquel agujero oscuro la cantidad de tiempo, aparentemente interminable, que ella tardaba para recordar que yo estaba allí o para que mi padre regresara a casa, momento en el que mi madre se aseguraba de haberme soltado. Alguno de esos dos eventos significaba mi liberación del clóset y del sentimiento devastador de estar sepultada viva, y olvidada.

Como el lector podrá darse cuenta por este incidente, fui criada por una madre que padecía enfermedad mental, y entre otras atrocidades, pasé la mayor parte de mi temprana infancia encerrada en un clóset. Aunque ciertas personas se percataban de su comportamiento extraño, su enfermedad mental no fue claramente identificada hasta que yo tuve unos dieciocho o diecinueve años. La conducta tan errática de mi madre durante mi infancia y adolescencia me dejó con sentimientos de inutilidad, desesperación e impotencia, y con un profundo dolor emocional. Tanto así que siendo una mujer joven, yo seguía encerrada en un clóset con límites ahora emocionales en vez de físicos. Estaba cercada por un muro de profundo dolor, siempre presente en mi alma, que se expresaba por medio de ciertos actos autodestructivos y un temor paralizante que controlaba todo mi ser.

– Muchos años más tarde, me encontraba delante de Mary Anne, una consejera cristiana, quien me dijo que yo tenía que perdonar a mi madre si quería encontrar la integridad y la sanidad completas. Yo pensé: *¿Perdonar a alguien que me trató con odio y abusó de mí? ¿Alguien que ha arruinado mi vida convirtiéndome en una persona traumatizada? ¿Cómo voy a poder?* Me sentí abrumada por esa tarea tan grande. Ya había confesado mis pecados, y ahora mi consejera me pedía que perdonara a mi madre, todo en la misma sesión de asesoramiento.

«No tienes que *sentir* el deseo de perdonar para decir que perdonas a alguien», me explicó Mary Anne. «Perdonar es algo que haces en obediencia al Señor porque Él te ha perdonado a *ti*. Tienes que estar dispuesta a decir: "Dios, confieso el odio que le tengo a mi madre, y te pido que me perdones. La perdono a ella por todo lo que me hizo. La perdono por no amarme, y la suelto para dejarla en tus manos"».

Tan difícil como era, hice lo que Mary Anne me dijo porque quería perdonar a mi madre, aunque en ese momento no sentía muchas ganas de hacerlo. «Dios, perdono a mi madre», dije al final de la oración. Sabía que para ser capaz de decir esas palabras, el poder de Dios tenía que estar obrando en mi vida, y en ese momento sentí su amor más de lo que nunca lo había sentido.

Sin embargo, pronto aprendí que una falta de perdón tan profundamente arraigada como la mía hacia mi madre, debe desarraigarse poco a poco. Esto fue muy cierto en mi caso, ya que el abuso verbal de mi madre continuó aumentando en intensidad a medida que pasaba el tiempo. Un día, cuando le pedí otra vez a Dios que me diera un corazón propenso a perdonar, me sentí guiada a orar: «Señor, ayúdame a tener un corazón como el *tuyo* hacia mi madre».

Casi inmediatamente tuve una visión de ella como nunca la había visto. Estaba hermosa, le gustaba divertirse, y era talentosa; una mujer que no se parecía en nada a la que yo conocía. Comprendí que yo la estaba viendo como la clase de persona que, cuando

Dios la creó, Él quiso que ella llegara a ser, y no como la persona en quien se había convertido. ¡Qué revelación tan asombrosa! A mí no se me hubiera podido ocurrir algo así. Nada superaba el odio que yo sentía hacia mi madre, excepto quizás la profundidad del gran vacío que había en mi vida. Sin embargo, en aquel momento sentí compasión y lástima por ella.

En un instante recordé acontecimientos de su pasado como la muerte trágica y repentina de su madre cuando ella tenía once años, el suicidio de su querido tío y padre de crianza unos años más tarde, sus sentimientos de abandono, culpa, amargura y falta de perdón que contribuyeron a su enfermedad emocional y mental. Pude ver cómo su vida, al igual que la mía, había sido retorcida y deformada por circunstancias más allá de su control. De repente dejé de odiarla por lo que había hecho. Más bien, sentí compasión por ella.

Estar en contacto con el corazón de Dios por mi madre, me trajo tales sentimientos de perdón que cuando murió unos años más tarde, ya no tenía absolutamente ningún resentimiento contra ella. De hecho, mientras más la perdoné, más el Señor me trajo a la memoria buenos recuerdos. ¡Me quedé asombrada de que quedaran algunos!

El perdón conduce a la vida. La falta de perdón es una muerte lenta. El perdón es continuo porque una vez que usted se ha enfrentado al pasado, ocurren constantes transgresiones en el presente. Ninguno de nosotros puede evitar que alguien perjudique nuestra reputación, nos manipule, ofenda o haga algún daño. Cada vez que eso sucede, deja una cicatriz en el alma si no se confiesa, se suelta y se enfrenta delante del Señor. Además de esto, la falta de perdón también le separa de aquellos a quienes usted ama. Esas personas sienten un espíritu de falta de perdón, aunque no puedan identificarlo, y les hace sentir incómodos y distantes.

Tal vez usted diga: «No tengo que preocuparme por esto, porque no hay nadie a quien yo no haya perdonado». Pero el perdón también tiene que ver con no criticar a los demás. Tiene que ver con tener presente que las personas son como son, debido a cómo la vida les ha dado forma. Tiene que ver con recordar que Dios es el único que conoce toda la historia, y por lo tanto nunca tenemos el derecho de juzgar. Estar encadenado a la falta de perdón le impide experimentar la curación, la alegría y la restauración que están a su disposición. Ser liberado para recibir todo lo que Dios tiene para usted hoy y mañana, quiere decir olvidar todo lo que sucedió en el pasado. Significa hacer una oración de liberación.

LA ORACIÓN DE LIBERACIÓN TRAE LA LIBERTAD PARA DEJAR DE CULPAR A DIOS

Mi esposo y yo tenemos un amigo talentoso en muchos sentidos pero que ha dejado a Dios fuera de su vida, culpándolo por un accidente de autos en el que su hermana murió, y él resultó herido con la gravedad suficiente para poner fin a su prometedora carrera deportiva. Años después de ese accidente, él todavía pregunta amargamente por qué Dios no impidió que eso sucediera. La verdad es que el accidente nunca fue parte del plan de Dios. Fue el diablo quien vino a destruir, porque la muerte *es* parte de *su* plan. Nuestro amigo es un buen hombre, pero se siente terriblemente frustrado e insatisfecho porque le ha impedido a Dios obrar poderosamente en su vida.

Echarle la culpa a Dios es mucho más común de lo que la mayoría de nosotros estamos dispuestos a reconocer, sobre todo aquellos que han sido maltratados, abandonados o profundamente decepcionados por figuras de autoridad. La tendencia es pensar a nivel subconsciente que Dios es como ese padre, abuelo, maestro, o jefe abusivo, proyectando en Él actitudes y comportamientos que no tienen nada que ver con quien Dios es realmente.

También culpamos a Dios de lo negativo que nuestros padres nos dijeron. Pensamos que Dios tiene que habernos creado como ellos dicen que somos, y nos preguntamos por qué Él fue tan negligente. También proyectamos imperfecciones humanas en Dios. Por ejemplo, lo culpamos si nuestros padres nos rechazaron o no nos amaron.

La mentira que creemos, cuando culpamos a Dios, es: «Dios podría haber impedido que esto pasara. Él podría haber hecho las cosas diferentes». La verdad es que Dios nos ha dado un libre albedrío, que Él no violará. Por consiguiente, tomamos decisiones, y a menudo las cosas son como son debido a esas decisiones. Dios también nos da límites para nuestra protección. Si decidimos violarlos, dejando nuestras circunstancias al azar o a la obra del enemigo, generamos destrucción.

Culpar a Dios es una actitud que nos mete en un callejón sin salida. Es acorralarnos a nosotros mismos, en vez de reconocer a Dios como la única salida. Echarle la culpa a Dios produce un enojo equivocado que será canalizado hacia adentro enfermándole, y haciéndole sentir frustrado e insatisfecho; o hacia fuera, haciéndole odiar al esposo o la esposa, abusar de un hijo, tratar a un amigo groseramente, estar poco dispuesto a cooperar con un compañero de trabajo, o arremeter verbalmente contra gente desconocida.

Para dejar de culpar a Dios, tenemos que saber cómo es Él en realidad. Y esto lo podemos averiguar contemplando a Jesús, quien dijo: «Él que me ha visto a mí, ha visto al Padre» (Juan 14.9). A menos que de veras dejemos a Jesús penetrar en cada parte de nuestra vida, nunca sabremos cómo es Dios.

Cuando usted realmente conoce a Jesús, ve que Dios el Padre es fiel y compasivo. Su amor es ilimitado e infalible. Él no desatiende, abusa, olvida ni entiende mal. Él nunca nos decepcionará ni será imperfecto. Cuando entendemos quién es Dios realmente y dejamos de culparlo, encontramos la paz y la seguridad.

Si está enojado con Dios, entonces necesita llegar a conocerlo mejor, porque hay mucho acerca de Él que usted no entiende del todo. Lo mejor es que sea sincero con Él. Usted no hará que Dios se sienta ofendido, Él lo ha sabido todo desde el principio. Órele diciendo: «Padre, he estado enojado contigo debido a esta situación en particular (sea específico). No soporto esto, y te he culpado de ello. Por favor, perdóname y ayúdame a ser liberado de esto. Quítame las ideas falsas que tengo de ti, y ayúdame a conocerte mejor».

Lo contrario de culpar a Dios es confiar en Él. Decida en quién va a confiar. No puede recibir todo lo que Dios tiene para usted si la amargura y una culpa mal atribuida ocupan un lugar en su corazón. Si usted ha estado enojado con Dios, dígaselo. «Dios, he estado enojado contigo desde que mi hermano murió en aquel accidente»; «Dios, he estado enojada contigo desde que mi bebé murió»; «Dios, he estado enojado contigo desde que no conseguí aquel trabajo por el que te oré». Sea sincero. Usted no aplastará el ego de Dios. Libérese del dolor y llore. Las lágrimas liberan y sanan. Haga una oración de liberación: «Señor, te confieso mi dolor y mi enojo, y mi dureza de corazón hacia ti. Ya no te culpo a ti».

AQUÍ TENEMOS SIETE VERSÍCULOS PARA ACORDARNOS DE LA BONDAD DE DIOS. Puede utilizarlos como una oración de liberación:

¡Dichosos los que en él buscan refugio!

SALMO 2.12

Él librará al indigente que pide auxilio.

SALMO 72.12

A los que buscan al Señor nada les falta.

SALMO 34.10

Tú eres mi socorro y mi libertador.

SALMO 70.5

Ante ellos convertiré en luz las tinieblas, y allanaré los lugares escabrosos.

ISAÍAS 42.16

¡Ni pensar que Dios cometa injusticias! ¡El Todopoderoso no pervierte el derecho!

JOB 34.12

El Señor me librará de todo mal y me preservará para su reino celestial.

2 TIMOTEO 4.18

LA ORACIÓN DE LIBERACIÓN LE AYUDA A PERDONAR A LOS DEMÁS

El abuso es cualquier manera desagradable de tratar a las personas que rebaja su autoestima, sea con abuso verbal, abandono, una falta de amor perceptible, así como golpes y agresión o violación sexual. Si un niño no puede percibir que sus padres lo aceptan, crece con una sed autodestructiva de amor que ningún ser humano puede satisfacer. Las necesidades no satisfechas en la infancia serán igualmente fuertes en la edad adulta, pero pueden ser disimuladas con habilidad.

Si abusaron de usted cuando era niño, no se engañe diciendo: «Yo nací de nuevo, no me debería seguir doliendo dentro. Algo tiene que andar mal conmigo». El hecho de que todavía le duela no invalida su condición de persona que ha nacido de nuevo ni por eso es menos espiritual. Como la gente tiende a ver a Dios de la misma manera que vio a sus padres, hace falta un tiempo de curación, liberación, y de conocer el amor de Dios antes de que la confianza total venga.

Perdonar a sus padres es una gran parte de la curación (y es crucial para evitar el peligro de abusar de sus propios hijos). Usted tiene que perdonar al padre que nunca le protegió, la madre que le maltrató y abusó de usted, el padrastro que no le amó, el abuelo o el tío que abusó sexualmente de usted, el padre o la madre que nunca estuvo presente o le desamparó por causa de su muerte o abandono, el padre o la madre débil que le cerró la puerta emocionalmente, el padre o la madre egoísta que le recordó que nunca le quiso, o el padre o la madre emocionalmente deficiente que no supo criarle como es debido.

Estas experiencias tremendamente dolorosas *continuarán* haciéndole daño si no le expresa su dolor al Señor, si no le entrega todo ese dolor y esa amargura a Él, y le pide que le ayude a perdonar. La falta de perdón no sólo le hará daño a usted, lo peor del caso es que usted podría llegar a hacerles daño a sus propios hijos. Por ellos, si no por su propio bien, tiene que soltar totalmente al pasado.

Ver a su padre o madre como el niño no amado, maltratado, o traumatizado, que tal vez él o ella haya sido, puede ayudarle a perdonar; sin embargo, la mayoría de las personas saben poco sobre los antecedentes de sus padres. De la mayoría de los incidentes, sobre todo de los malos, rara vez alguien habla, ni siquiera otro familiar.

Cuando usted entiende que su padre o madre no retuvo deliberadamente su amor de usted, sino que en primer lugar nunca lo tuvo para dárselo, es más fácil perdonar. A veces lo que un padre o madre *no* hizo, causa tanto dolor como lo que el abusador *hizo*. La falta de participación de su padre o madre, o que no esté dispuesto a intervenir y rescatarle, parecen una traición. La falta de perdón hacia ese padre o madre desinteresado es más difícil de reconocer, pero es más común de lo que pensamos. Pídale a Dios que le muestre cualquier falta de perdón de parte suya hacia el padre o madre que no vino a su rescate. Si la hay, tiene que enfrentarse con sinceridad a sus sentimientos.

Todos necesitamos padres que nos quieran, animen, cuiden, sean cariñosos, crean lo mejor en nosotros, y se interesen en lo que hacemos. Los que no tuvimos padres así, tenemos necesidades que sólo Dios puede satisfacer. No podemos regresar al pasado y encontrar alguien para que nos abrace y nos cuide, y no debemos exigirlo de un cónyuge o de amigos, porque no pueden hacerlo. Esto tiene que venir de nuestro Padre Celestial.

Dios es nuestra única esperanza para restaurar las relaciones dañadas. Hacer una oración por la liberación del daño que haya ocurrido, y de alabanza a Dios para que Él transforme la situación, es una de las vías por las cuales la restauración sucederá. En tiempos de debilidad, cuando la vida parece estar descontrolada, decida ponerse bajo el control de Dios. Ríndale sus áreas débiles por completo y con sinceridad a Él, para que pueda convertirlas en recipientes de Su fuerza. Él es Dios de restauración y redención, así que puede redimir lo que haya ocurrido en su pasado. Él puede reparar la brecha entre usted y sus hijos, padres y amigos. La restauración no pasa de la noche a la mañana, pero la redención puede. Permita que Dios redima su situación ahora, para que todo cambie y vaya en la dirección correcta.

La oración de liberación es una escalera que lleva a la integridad

Si no puede perdonar a otra persona no significa que no sea salvo y que no irá al cielo, pero sí significa que no puede recibir todo lo que Dios tiene para usted y no se verá libre del dolor emocional.

El primer paso hacia el perdón es *recibir el perdón de Dios* y dejar que su realidad penetre hasta lo más profundo de nuestro ser. Cuando comprendemos cuánto nos ha sido perdonado, es más fácil entender que no tenemos ningún derecho de juzgarnos unos a otros. Ser perdonados y liberados de todo lo que hayamos hecho es un regalo tan milagroso, ¿cómo podríamos negarnos a obedecer a Dios cuando nos pide que perdonemos a otros como Él nos ha perdonado? ¡Fácilmente! Enfocamos nuestros pensamientos en la persona que nos ha hecho algún daño en vez de enfocarlos en Dios quien arregla todas las cosas.

El perdón es una calle de doble sentido. Dios nos perdona, y nosotros perdonamos a otros. Dios nos perdona rápidamente y por completo cuando confesamos

> *El perdón no justifica a la otra persona, le libera a usted.*

nuestra maldad. Nosotros debemos perdonar a otros rápidamente y por completo, bien sea que confiesen su falta o no. De todos modos, la mayoría de las veces, las personas no piensan que han hecho algo malo, y si lo piensan, por seguro no quieren confesárnoslo. Por eso debemos entregarle la persona, la situación y el daño a Dios en oración.

El perdón es una decisión que tomamos. Basamos nuestra decisión no en lo que *sintamos ganas* de hacer, sino en lo que *sabemos que es correcto*. Yo no tenía ganas de perdonar a mi madre. Sin embargo, decidí perdonarla porque la Palabra de Dios dice: «Perdonen, y se les perdonará» (Lucas 6.37). Ese versículo también dice que no juzguemos si no queremos ser juzgados. En cambio, debemos entregarle la gente y las circunstancias a Dios y permitir que Él sea el juez.

Hay razones tanto espirituales como psicológicas para perdonar. La razón espiritual es que deseamos obedecer a Dios, y Él nos ha dicho que perdonemos a otros como Él nos ha perdonado: «Sean bondadosos y compasivos unos con otros, y perdónense mutuamente, así como Dios los perdonó a ustedes en Cristo» (Efesios 4.32). Cuando perdonamos a la gente que nos ha hecho daño, restauramos el valor que Dios les ha dado, no porque lo merezcan sino porque Dios ya ha hecho lo mismo por nosotros.

La razón psicológica para perdonar a otros es liberarnos del dolor y el trato injusto que otras personas nos hayan infligido. Cuando perdonamos, decidimos no permitir que el pecado de otras personas dicte cómo nos sentimos o lo que hacemos. El perdón nos da la libertad para realmente vivir nuestra vida como Dios quiere.

Me fue difícil entender que Dios ama a mi madre tanto como a mí. Él ama a toda la gente tanto como me ama a mí. Lo más importante que debemos recordar, cuando se trata de perdonar, es que el perdón no justifica a la otra persona, le libera a usted. La mejor manera de convertir el enojo, la amargura, el odio y el resentimiento hacia alguien en amor, es orar por esa persona. Dios ablanda su corazón cuando lo hace, y trae la integridad a su vida.

La oración de

Sumisión

*SEÑOR, hazme conocer tus caminos;
    muéstrame tus sendas.*

—SALMO 25.4

LA
Oración

DE SUMISIÓN A LA VOLUNTAD DE DIOS

CUANDO RECIBÍ A JESÚS en mi corazón, le hice pasar al cuarto de huéspedes. El problema fue que no estuvo contento con quedarse allí. Él siguió llamando puerta tras puerta, hasta que le abrí puertas de cuartos que yo ni sabía que existían. Expuso todos los rincones oscuros de cada cuarto a su luz limpiadora. Pronto me di cuenta de que Él quería que yo lo reconociera como Señor sobre *cada* área de mi vida.

Uno de esos cuartos en mi corazón era la cuestión de tener hijos. Me casé con Michael, aproximadamente tres años después de recibir a Jesús, y como estaban pasando tantas cosas en nuestras vidas en ese entonces, nunca realmente hablamos de hijos. Yo tenía una infinidad de razones para no querer ninguno, entre ellas el temor de perpetuar mi propia crianza traumática. No podía verme a mí misma destruyendo una vida inocente. Cuando Dios golpeó una puerta tras otra, en las finanzas, el matrimonio, las actitudes, la apariencia y las amistades, me dispuse a su soberanía. Pero, no presté oídos mientras él tocaba sin cesar a la puerta de la maternidad, que tenía echado el cerrojo de mi egoísmo y temor. Sin embargo, él tocó persistentemente, poniendo en duda mi oración diaria de: «Jesús, sé el Señor sobre cada área de mi vida».

Una mañana, aproximadamente un año después de casarnos, unos amigos nos detuvieron antes de comenzar el servicio de la iglesia para lucirse con su nuevo hijo. Cuando lo sostuve brevemente, tuve una visión en la que me vi sosteniendo a un niño mío. Más tarde en la iglesia pensé en aquel momento, y de repente la posibilidad de tener un bebé me pareció agradable.

Está bien, Señor, pensé, *si realmente se supone que nosotros tengamos un hijo, haz que Michael me diga algo sobre esto.* Así me quité todo aquel asunto de la cabeza.

Ese mismo día, por la tarde, Michael se dio vuelta
y me dijo: «Ese bebé, que tuviste en brazos esta mañana
antes del servicio de la iglesia, estaba tan lindo. Tal vez
deberíamos tener uno que sea nuestro».

«¿Qué?», dije con incredulidad. «¿Lo dices en serio?»

«Seguro. ¿Por qué no? ¿No es eso lo que la gente
hace?» me preguntó.

«Sí, pero nunca te había oído decir algo así».

Al recordar mi rápida oración de esa mañana, oré
en silencio: *Señor, es increíble a qué velocidad puedes obrar
a veces. Que tu voluntad perfecta se cumpla en mi vida.*

Aunque aún tenía temor y me sentía inquieta, sabía
que había llegado el momento en que Dios iba a darle
vida a un lugar en mí que había muerto hacía años. Sentí
que permitirle a Él que fuera el Señor sobre esta área
sería una parte principal de la redención de todo lo que
se había perdido en mi vida.

Cuando usted invita a Jesús a entrar en la casa de
su ser (nacer de nuevo), se supone que también ponga
la casa a Su entera disposición (haciéndolo Señor sobre
su vida). Sin embargo, muchos de nosotros somos lentos
para hacerlo por completo. Ya sea que lo admitamos o
no, no nos atrevemos a creer que podemos confiar en
Dios en cuanto a cada área de nuestras vidas.

La Biblia dice:

> Confía en el SEÑOR de *todo* corazón, y no en tu
> propia inteligencia. Reconócelo en *todos* tus caminos,
> y él allanará tus sendas.

(PROVERBIOS 3.5-6, ÉNFASIS AÑADIDO)

Fíjese en la palabra *todo*. Es muy específica. Si queremos que las cosas salgan bien, tenemos que reconocerlo como Señor sobre todas las áreas de nuestra vida. Tuve que estar dispuesta a concederle a Dios la prioridad diciéndole frecuentemente: «Jesús, sé el Señor sobre cada área de mi vida». Entonces a medida que Él me indicaba lugares a los que yo no le había abierto la puerta a su autoridad, lo dejaba entrar.

Ahora sé que Dios hace esto con todos los que le invitan a morar en su vida.

LA ORACIÓN DE SUMISIÓN TRAE LOS BENEFICIOS DE DIOS

Algunas personas le conceden a Dios acceso ilimitado a la casa de su ser. Otras lo dejan permanecer de pie en la entrada indefinidamente. Muchas personas hacen lo que yo hice, y le permiten entrar poco a poco. Cuando Dios llame a las diferentes puertas que hay dentro de usted, sepa que Él nunca va a entrar a la fuerza y derribar las paredes. Sólo llamará con persistencia y tranquilidad, y cuando le invite, entrará a ocupar cortésmente cada rincón de su vida para limpiar y reconstruir.

Él le ha dado una opción. ¿Decidirá usted abrirse y compartir cada parte de su ser con Él, y dejarle reinar en su vida? Ésta es la oración de sumisión a Su voluntad.

Dios no impone la obediencia ni la sumisión. A menudo deseamos que lo hiciera porque sería más fácil, pero Él nos da a elegir. He tenido que pedirle que me enseñe a ser obediente por amor a Él y por el deseo de servirle a Él, que ha hecho tanto por mí. Si usted quiere los mismos beneficios, tiene que hacer lo mismo.

Es reconfortante comprender que el Señor nos apoya, y que el llamamiento a la sumisión obediente no es para hacernos sentir como un fracaso sin esperanza si no hacemos todo correctamente. Saber que Dios nos pide vivir de cierta manera para nuestro propio bien, porque Él sabe que la vida sólo resulta para nuestro bien cuando la vivamos de acuerdo con sus condiciones, nos ayudará a desear conocer sus caminos y vivir en ellos. Comenzamos este proceso cuando estamos dispuestos a decir: «Dios, no quiero que nada me separe de tu presencia y tu amor. Y de veras tengo un corazón que quiere rendirse a ti y obedecerte. Por favor, muéstrame en qué área de mi vida no te estoy obedeciendo, y ayúdame a hacer lo que debo hacer para ser sumiso a ti».

El momento en que damos un paso en obediencia, Dios abre oportunidades para una nueva vida.

LA ORACIÓN DE SUMISIÓN TRAE DESCANSO

El «ancla del alma» que es la esperanza en las promesas de Dios (Hebreos 6.19), impide que seamos zarandeados de un lado a otro en el mar de las circunstancias. No se trata tan solo de la sensación de tranquilidad que experimentamos por medio de unas vacaciones o el relajamiento de haber dormido profundamente toda la noche; el verdadero descanso es un lugar dentro de nosotros donde podemos quedarnos quietos y reconocer que Él es Dios, independientemente de lo que parezca suceder a nuestro alrededor.

Jesús dice: «Vengan a mí todos ustedes que están cansados y agobiados, y yo les daré descanso» (Mateo 11.28). Él nos ordena que no nos angustiemos, sino que resistamos esto al decidir descansar en tranquila sumisión a Él y su voluntad. Debemos decir: «Dios, este día decido entrar en el descanso que tú tienes para mí. Muéstrame cómo».

Cuando hacemos esto, Dios revela todo lo que se interpone en nuestro camino. Descansar es «[depositar] en él toda ansiedad, porque él cuida de [nosotros]» (1 Pedro 5.7), y aprender a estar satisfechos en cualquier situación en la que nos encontremos (Filipenses 4.11); no necesariamente a que estemos muy contentos con las circunstancias sino a que podamos decir: «Dios es el que manda, he orado por esto, Él conoce mi necesidad, y obedezco en sumisión a mi leal saber y entender. Puedo descansar».

Cuando nuestro corazón se aparta del conocimiento que tenemos de cómo Dios quiere que vivamos, perdemos nuestro lugar de descanso. Cuando oramos y vivimos de acuerdo con la oración de sumisión y de tranquila confianza, encontramos el regalo del descanso de Dios.

LA ORACIÓN DE SUMISIÓN LIBERA
NUESTROS SUEÑOS

Yo siempre quise ser una artista exitosa. Incluso mencionarlo ahora parece vergonzosamente superficial, pero en ese entonces eso era una obsesión terrible. Ansiaba ser famosa y respetada, sin tener en cuenta el hecho de que tal vez yo carecía de lo que necesitaba para lograr cualquiera de las dos cosas. Después de recibir al Señor y llevar unos cuantos meses de casada, Dios claramente puso en mi corazón la idea de que no debía volver a aparecer en programas de televisión ni en anuncios. No estaba segura del porqué, pero sabía que no era correcto para mí. Siempre que mi agente me presentaba una entrevista por la que antes me habría muerto de ganas de hacerla, pensar en ella me producía una sensación mortal de inquietud y vacío. Como la perspectiva de hacer aquellas entrevistas no iba acompañada por la paz de Dios, rechacé cada oferta.

Sí, Dios, no haré ese anuncio. Sí, Dios, no voy a aceptar otro programa de televisión. Sí, Dios, ya no cantaré en clubes. Sí, Dios, dejaré la agencia.

Poco a poco, todos mis trabajos desaparecieron. Dios había cerrado todas las puertas y me había pedido que dejara de llamar a puertas que no estaban en su plan para mí. Esa experiencia me dio temor, pero al mirar hacia atrás veo claramente la razón por la cual Dios lo hizo. La actuación era un ídolo para mí. Lo hacía completamente para obtener la atención y la aceptación que eso me traía, no porque me gustaba ser actriz. Mi identidad estaba totalmente envuelta en lo que hacía. Para que Dios cambiara eso, tenía que quitar mis medios para definir quién pensaba que yo era, y tenía que ayudarme a establecer mi identidad en Jesús. Él sabía que yo no podía sanarme de mis profundos sentimientos de inferioridad si diariamente me ponía en una posición de ser juzgada de acuerdo con principios superficiales.

Lo que no queremos oír es que llega un momento cuando cada uno de nosotros debe poner sus deseos y sueños en las manos de Dios, para que Él pueda librarnos

Debemos estar dispuestos a darle a Dios la prioridad en nuestra vida.

de aquellos que no estén de acuerdo con su voluntad. En otras palabras, aseguramos nuestro futuro permitiendo que nuestro sueño muera y el plan de Dios lo sustituya. Si siempre ha tenido cierta idea de lo que cree que usted debería hacer, tiene que estar dispuesto a dejar que esa idea sea destruida. Se trata de un acto de someter sus deseos a la voluntad de Dios. Si realmente es lo que Dios tiene para usted, Él le levantará para hacer eso y mucho más. Si no lo es, estará frustrado mientras que se aferre a ello. A menudo los deseos de su corazón son los deseos del corazón de Dios, pero aún los debe lograr por medio de su sometimiento a la voluntad de Él, no por su propia voluntad; y tiene que saber que Él los está realizando en usted, no los está logrando por sí mismo.

Dios quiere que dejemos de aferrarnos a nuestros sueños y comencemos a agarrarnos firmemente de Él, para que pueda permitir que nos elevemos por encima de nosotros y nuestras limitaciones. Siempre que soltemos aquello que anhelamos, Dios nos lo devolverá en otra dimensión.

La oración de sumisión trae realización

¿Cuántas veces le pedimos a Dios que nos dé lo que queremos, pero no queremos darle a Dios lo que Él quiere? Carecemos de lo que deseamos más: integridad, paz, realización y gozo, porque no somos obedientes y sumisos a Dios.

A menudo no somos obedientes porque no entendemos que Dios ha establecido ciertas reglas para que nos protejan y obren para nuestro bien. Él nos creó y sabe qué es lo que nos realizará más. Incluso los Diez Mandamientos no fueron dados para hacernos sentir culpables, sino como un paraguas de bendición y protección de la lluvia del mal. Si decidimos vivir fuera del círculo de bendición, sufrimos las consecuencias. Entonces la oscuridad espiritual y la confusión tienen acceso a nuestras vidas, y somos drenados de lo mejor de Dios.

El que quiera salvar su vida, la perderá; pero el que pierda su vida por mi causa, la salvará. LUCAS 9.24

Cuando obedecemos en sumisión a la voluntad de Dios, la vida tiene simplicidad, claridad y bendición ilimitadas. Necesitamos las leyes de Dios porque sin ellas no sabemos cómo hacer que la vida funcione.

La ley fue dada en el Antiguo Testamento para mostrarnos que no podemos cumplirla en cuanto a la *energía* humana, sino que debemos depender de Dios. Necesitamos su poder para escapar del síndrome de muerte que nos rodea. La Biblia dice que a Noé le fue dada nueva vida porque hizo todo lo que Dios le había mandado (Génesis 6.22). Esa palabra *todo* parece espantosa cuando se trata de la obediencia, porque nos conocemos bastante bien como para dudar que podemos hacerlo todo. Y la verdad es que no podemos. Pero podemos tomar medidas para ir bien encaminados y observar a Dios hacerlo cuando nos rendimos a Él en sumisión.

LA ORACIÓN DE SUMISIÓN TRAE GRAN RECOMPENSA

«¿Llegaré alguna vez al punto en que ya no me duela dentro?» le pregunté a Dios un día en oración. Aunque yo había sido liberada de la depresión, y mi vida era mucho más estable de lo que jamás había sido, seguía sufriendo altibajos emocionales. Durante ese tiempo las preguntas que le hacía a Dios eran interminables:

«¿Cuándo dejaré de sentirme como una fracasada?»

«¿Cuándo no me quedaré deshecha por lo que me digan los demás?»

«¿Cuándo dejaré de ver cada indicio de adversidad como si fuera el fin del mundo?»

Cuando una mañana leía la Biblia, detuve la mirada en las palabras: «¿Por qué me llaman ustedes "Señor, Señor", y no hacen lo que les digo?» (Lucas 6.46). El pasaje continuó explicando que alguien que oye las palabras del Señor y *no* las pone en práctica, está construyendo una casa sin cimientos. Cuando venga la tormenta, la casa se derrumbará y quedará completamente destruida.

¿Será que cada viento de circunstancia, que viene a mi camino, me está derribando y destruyendo porque no estoy haciendo lo que el Señor me dice que haga en algún área de mi vida?, me pregunté. Yo sabía que estaba construyendo sobre la roca sólida (Jesús), y había estado poniendo un cimiento fuerte (en la Palabra, la oración, la alabanza, la confesión y el perdón continuo), pero parecía que este cimiento sólo podía ser estabilizado y protegido por medio de mi obediencia.

Busqué más información en la Biblia, y en cada lugar al que fui, leí más sobre la recompensa por obedecer a Dios:

«Dichosos los que oyen la palabra de Dios y la obedecen» (Lucas 11.28).

«El SEÑOR brinda generosamente su bondad a los que se conducen sin tacha» (Salmo 84.11).

«Hoy les doy a elegir entre la bendición y la maldición: bendición, si obedecen los mandamientos que yo, el SEÑOR su Dios, hoy les mando obedecer» (Deuteronomio 11.26–27).

Cuanto más leía, más veía la relación entre la *obediencia* y la *presencia de Dios*. «El que me ama, obedecerá mi palabra, y mi Padre lo amará, y haremos nuestra vivienda en él» (Juan 14.23). Para entonces ya estaba convencida de que sólo podría encontrar la integridad y la restauración en su presencia, así que esta

Cuando obedecemos la voluntad de Dios, la vida tiene simplicidad y claridad.

promesa de que mi obediencia abriría la puerta a la morada de Dios en mí, fue en particular impresionante.

También vi una conexión bien definida entre la *obediencia* y el *amor de Dios*. «El amor de Dios se manifiesta plenamente en la vida del que obedece su palabra» (1 Juan 2.5). Según la Biblia, Dios no deja de amarnos si no le obedecemos. Aunque a Dios no le guste la manera en que vivimos, Él todavía nos ama. Pero no podemos sentir o disfrutar de ese amor totalmente si no vivimos como Dios quiere que vivamos: En total sumisión a su Palabra y su voluntad.

Aunque a Dios no le guste la manera en que vivimos, Él todavía nos ama.

La oración de

Alabanza

Desde la salida del sol hasta su ocaso,
sea alabado el nombre del SEÑOR.

—SALMO 113.3

LA
Oración

DE ALABANZA

LOS DOMINGOS POR LA MAÑANA, tenía
la costumbre de entrar corriendo en la iglesia, veinte
minutos tarde. Cuando encontraba un asiento y me
sentaba, el tiempo de alabanza y adoración ya se
había acabado y el pastor estaba predicando. No me
preocupaba por eso porque estaba allí para la enseñanza.
Sin embargo, dejaba vagar la imaginación por todas
partes y no me concentraba en el mensaje hasta que la
mitad del sermón había terminado.

Los días cuando llegaba con suficiente tiempo para
encontrar un asiento antes de que el servicio comenzara,

y participaba durante todo el tiempo de adoración, me daba cuenta de que estaba abierta para recibir el mensaje como si Dios me hablaba directamente. Mi corazón se ablandaba y se hacía receptivo a lo que el Espíritu Santo quería enseñarme, como resultado de los veinte o treinta minutos que yo había pasado alabando a Dios. Las actitudes negativas, con que había entrado, se derretían y eran sustituidas por actitudes que estaban más de acuerdo con lo que Dios deseaba. Estaba preparada y abierta para recibir lo que Dios me daba.

La adoración invita la presencia de Dios, y es entonces que viene la liberación. Dos hombres, que estaban encarcelados, cantaban alabanzas a Dios cuando de repente las puertas de la cárcel se abrieron y las cadenas se les soltaron (Hechos 16.26). En el reino espiritual, cuando alabamos al Señor, las puertas de la cárcel de nuestras vidas se abren, nuestras cadenas se rompen, y somos liberados. La alabanza a Dios le abre a usted para que experimente su amor, y le libera.

LA ORACIÓN DE ALABANZA TRAE SANIDAD Y TRANSFORMACIÓN

Cuanto más tiempo pasemos alabando al Señor, más veremos que nosotros y nuestras circunstancias crecemos en integridad. Esto es así porque la alabanza ablanda nuestro corazón y lo hace flexible. También nos cubre de manera protectora. Cuanto más se mantengan la flexibilidad y la cubierta protectora, más rápidamente nuestro corazón podrá ser moldeado y sanado.

La alabanza y la adoración a Dios son siempre actos de la voluntad. Debemos *tener voluntad* para alabar a Dios, aunque no tengamos ganas de hacerlo. A veces nuestros problemas o las cargas que llevamos ahogan nuestras buenas intenciones, así que necesitamos hacer el esfuerzo para establecer la alabanza como un estilo de vida. Y se convierte en un estilo de vida cuando hacemos que sea nuestra *primera* reacción a lo que nos enfrentemos y no un último recurso. *Ahora* es el momento para hacer una oración de alabanza a Dios por todo en su vida. Déle gracias a Él por su Palabra, su fidelidad, su amor, su gracia, su sanidad. Déle gracias por lo que ha hecho por usted personalmente. Tenga presente que cualquier cosa por la que le dé gracias al Señor: Paz, bendiciones económicas, salud, un nuevo trabajo o por haber vencido su depresión, hará que en ese momento comience el proceso de que le sea dada a usted.

En el Antiguo Testamento, los que llevaban el arca del pacto se detenían cada seis pasos para adorar a Dios.

También nosotros tenemos que recordar no ir muy lejos sin detenernos para alabarle y adorarle. Para obtener sanidad y restauración emocional, tenemos que ser «personas de seis pasos», y continuamente invitar la presencia del Señor para que Él gobierne en nuestras situaciones.

La oración de alabanza nos pone de acuerdo con los propósitos de Dios

Sin la alabanza experimentamos un debilitamiento que conduce a la esclavitud y la muerte. La Biblia dice: «A pesar de haber conocido a Dios, no lo glorificaron como a Dios ni le dieron gracias, sino que se extraviaron en sus inútiles razonamientos, y se les oscureció su insensato corazón» (Romanos 1.21). *Con* la alabanza, usted y sus circunstancias pueden cambiar, porque le da la entrada a Dios en cada área de su vida y permite que Él sea entronizado allí.

Así que en cualquier momento que luche con emociones negativas, como enojo, falta de perdón, temor, dolor, opresión, depresión, odio de sí mismo o ineptitud, dé gracias a Dios porque Él es más grande que todo eso. Dé gracias porque los planes y propósitos de Él para usted son buenos. Dé gracias porque en cualquier área débil de su vida, Él será fuerte. Dé gracias porque Él vino a restaurarle. Recuerde los nombres de Señor, y úselos en su oración. «Te alabo, Señor, porque eres mi Libertador y Redentor». «Te doy gracias, Dios, porque eres mi Sanador y Proveedor».

Una vez que usted se pone de acuerdo con los propósitos de Dios por medio de la alabanza, puede reclamar cosas que todavía no puede ver en su vida como si ya estuvieran ahí. «Señor, no tengo en absoluto ninguna manera de hacer que mi curación ocurra, pero tú eres todopoderoso y puedes hacer que suceda. Te doy gracias y te alabo por tu poder de curación en mi vida». Hacer esto es su mayor arma contra los sentimientos de ineptitud, falta de propósito e insignificancia que pueden socavar todo lo que Dios le creó a usted para que llegue a ser.

Recuerde. La alabanza nos eleva poderosamente a la presencia de Dios y nos hace estar de acuerdo con sus propósitos.

La oración de alabanza vence la crítica

Hay otra razón por la que la oración de alabanza y acción de gracias es de vital importancia en nuestro andar con Dios. Excluye la crítica, de la cual descubrí hace muchos años que no sólo limita lo que Dios puede hacer en mi vida, sino que también trae juicio sobre mí.

Permítame explicarle. A menudo aquellos de nosotros, de quienes alguien abusó durante nuestra niñez, nos convertimos en personas que criticamos a otros. Haber sido derribados cuando éramos jóvenes, hace parecer muy atractivo derribar a alguien para elevarnos a nosotros mismos. Nos volvemos despiadados porque no fueron clementes con nosotros.

Criticar a otros se vuelve muy pronto una mala costumbre con la que nos puede salir el tiro por la culata. Criticar continuamente, así sea sólo en la mente, provoca un espíritu criticador. Cuando usted tiene un espíritu de crítica, eso influye en cada uno de sus pensamientos y palabras. Finalmente se convierte en un cínico y luego es por completo incapaz de experimentar gozo. Tal vez lee la Palabra, ora y obedece, pero no tiene paz y gozo en su vida porque critica. Criticar las circunstancias o las condiciones puede ser tan perjudicial como criticar a las personas, porque esto le convierte en una persona gruñona y exigente, el tipo de persona que la gente evita. Es difícil encontrar el amor y el apoyo que necesitamos, cuando nadie quiere estar a nuestro alrededor.

La crítica expulsa el amor de nuestro corazón. «Si tengo el don de profecía y entiendo todos los misterios y poseo todo conocimiento, y si tengo una fe que logra trasladar montañas, pero me falta el amor, no soy nada» (1 Corintios 13.2). Sin el amor en nuestro corazón no podemos crecer emocionalmente, y siempre

¡La compasión triunfa en el juicio!

SANTIAGO 2.3

estaremos paralizados en nuestra curación y desarrollo. Pero podemos vencer una actitud de crítica llenándonos constantemente del amor del Señor por medio de nuestra oración de alabanza y acción de gracias a Él.

LA ORACIÓN DE ALABANZA VENCE LA DEPRESIÓN

La oración de alabanza y acción de gracias también puede sacarle de los sentimientos de desesperación causados por la depresión. Estar deprimido es una señal de que su personalidad se ha dirigido hacia adentro y está enfocada en sí misma. Uno de los pasos más sanos que se pueden dar es concentrarse hacia afuera, en Dios, por medio de la alabanza. Deje todo lo que esté haciendo y diga: «Señor, te alabo. Te adoro. Te doy gracias a ti. Te glorifico. Te amo». Darle gracias a Él por todo en lo que usted pueda pensar es la mejor manera de detener el torrente de insultos de usted mismo que fluye por su mente.

7 *oraciones*

En la Palabra de Dios dice que «la angustia abate el corazón del hombre, pero una palabra amable lo alegra» (Proverbios 12.25). La palabra amable que alegrará su corazón viene del Señor por medio de Su Palabra. Cuando usted haga la oración de alabanza y acción de gracias, ore la Palabra de Dios. Busque versículos de las Escrituras que expresen alabanzas y dígalos en voz alta. Cuando encuentre una promesa o una palabra de Dios que se aplique a su situación, repítala continuamente en voz alta con acción de gracias; finalmente su espíritu y su alma responderán a la esperanza y la verdad de la Palabra de Dios.

La oración de alabanza vence el temor

Antes que yo recibiera a Jesús, el temor era el factor controlador de mi vida: Tenía temor al fracaso, a sufrir lesiones corporales, a ser herida emocionalmente, a envejecer, a ser una persona insignificante. Un doloroso y paralizador espíritu de temor se había apoderado de mí, trayendo consigo sus espíritus compañeros de suicidio, desesperación y ansiedad. Cuando luché para impedir ahogarme en mis temores, me quedé sin fuerza. Poco a poco mi temor de la vida anuló mi temor a la muerte, y me parecía como que el suicidio sería un alivio agradable.

Muchas veces he oído decir que el significado del temor es: Pruebas falsas que parecen verdaderas.

El diablo presenta pruebas falsas y hace que parezcan verdaderas. Podemos decidir escuchar sus falsedades o creer a Dios. La oración de alabanza es nuestra mayor arma contra el temor, así que usémosla con gran fuerza. Aplauda, cante y diga alabanzas a Dios. Déle gracias por su gran amor. Cuanto más lo haga, más se dispondrá para recibirlo. ¡El amor de Dios y el temor no pueden residir en el mismo corazón!

No importa qué le haya sucedido en el pasado o qué suceda en el mundo a su alrededor, Dios promete protegerle a medida que usted camina con Él ahora. De hecho, Él se ha comprometido a protegerle todo el tiempo. No sabemos de cuántos males el Señor nos protege todos los días, pero estoy segura de que es de muchos más de los que nos imaginamos. Él es más poderoso que cualquier adversario con quien nos enfrentemos, y Él promete que no importa lo que el enemigo traiga a nuestras vidas, triunfaremos sobre ello.

El único temor que usted debe tener es el temor de Dios, un respeto a la autoridad y el poder de Dios. El temor de Dios se refiere a temer lo que la vida sería sin Él, y un continuo agradecimiento a Él porque, debido a su amor, nunca tendrá que experimentarlo.

7 oraciones

> *En el amor no hay temor, sino que el amor perfecto echa fuera el temor. El que teme espera el castigo.*
>
> 1 JUAN 4.17-18

LA ORACIÓN DE ALABANZA VENCE EL EGOÍSMO

Lo contrario de enfocarse hacia adentro en sí mismo es enfocarse hacia afuera en Dios. ¡Cuán opuesto es esto a lo que el mundo promueve hoy! Equivocadamente creemos que enfocarnos intensamente en nosotros mismos contribuirá más a nuestra felicidad y realización, cuando en realidad lo contrario es cierto. Pensar demasiado en nosotros mismos, conduce a la enfermedad emocional. En vez de llenarnos de pensamientos sobre lo que necesitamos y sentimos, debemos llenarnos del Señor y ser agradecidos a Él, que suple todas nuestras necesidades mejor de lo que nosotros podemos hacerlo.

La única razón para enfocarnos hacia adentro es hacer una introspección sincera, para ver si estamos viviendo y pensando como Dios quiere. Aun así, esto debería hacerse en la presencia de Dios porque Él es el único que puede revelar la verdad de una manera que convence pero no condena.

Debemos enfocarnos por completo en Dios solamente, y la mejor manera de enfocarse en Dios es darle gracias continuamente por todo lo que nos ha dado, alabarlo por todo lo que ha hecho, y adorarlo por todo lo que Él es. ¡Es imposible que estemos abstraídos en nosotros mismos y seamos egocéntricos mientras glorificamos y alabamos a Dios!

LA ORACIÓN DE ALABANZA FORJA LA PACIENCIA

Habrá ocasiones en las que sus oraciones no serán contestadas, al menos no exactamente según su propio horario. Esperar es parte de mantenerse firme en épocas de oraciones sin contestar, y esperar produce paciencia. Cuando usted es paciente, es capaz de tomar control de su ser y ponerse en las manos de Dios. Él, entonces, está en control sin importar si es de noche o de día en su alma. Él se convierte en Dios para usted en cada época de su vida, tanto buena como mala. Y porque usted lo conoce de esa manera, se vuelve inquebrantable.

Como no tenemos más remedio que esperar, nuestra actitud importa mucho. La mejor manera de mantener una buena actitud mientras usted espera es pasar mucho tiempo en alabanza y adoración a Dios. Diga: «Señor, te alabo en medio de esta situación. Confieso que tengo temor de que tal vez mis oraciones nunca serán contestadas. Estoy cansado y desalentado por la espera, y siento que estoy perdiendo las fuerzas para luchar. Perdóname, Señor, por no confiar en ti más. Ayúdame a oír tu voz y seguir tu ejemplo. Gracias porque tú tienes todo el control».

La oración de alabanza es una manera de recordarnos que Dios oye nuestras oraciones. Incluso cuando nos parece que nada está sucediendo; en el reino de Dios el amor, la sanidad y la redención de Dios siempre están obrando.

LA ORACIÓN DE ALABANZA FORJA LA AUTOESTIMA

Dios creó a cada uno de nosotros para ser alguien, y ninguna vida es un accidente o no deseada a Sus ojos. A cada uno le ha dado un distinto propósito o vocación. La alta autoestima significa verse usted mismo como Dios le hizo, reconociendo que es una persona única a la que Él le ha dado dones, talentos y propósitos específicos a diferencia de los que les ha dado a las demás personas. Cuando permita que Dios le muestre lo qué Él piensa de usted, y se convenza de ello dejando que penetre hasta lo más profundo de su ser, nada de lo que sea añadido o quitado aumentará o rebajará su valor personal.

He aprendido a valorarme como Dios me valora, dándole gracias y alabándolo conscientemente por cualquier cosa positiva que vea. «Gracias, Señor, porque estoy viva, porque puedo andar, porque puedo hablar, porque puedo ver, porque puedo preparar una comida, porque puedo escribir cartas, porque soy una persona ordenada, porque amo a mis hijos, porque conozco a Jesús». Cuando alabamos a Dios por cosas específicas, invitamos su presencia para que nos transforme. Ésta es la mejor medicina que conozco para el problema de creer mentiras acerca de nosotros mismos.

Por ejemplo, como la mayoría de las personas que han quedado marcadas por el abuso verbal durante los primeros años de la infancia, he sido extremadamente susceptible a los comentarios de otras personas. Ésta es una característica negativa. Alguien que se ofende con mucha facilidad, pone a otros en la incómoda situación de tener que andar sobre alfileres o correr el riesgo de ofenderle. Al alabar a Dios en medio de mi susceptibilidad, he permitido que Él transforme esa característica negativa en una positiva: Ser sensible a otras personas en vez de a mí misma.

¡Cuando el diablo trate de engañarle con mentiras acerca de usted para derribarle, ignore sus insultos y alabe a Dios por quien usted es en Él!

La oración de

Promesa

*No ha dejado de cumplir
ni una sola de [sus] gratas promesas.*

—1 Reyes 8.56

LA
Oración

DE PROMESA

Yo había sido cantante y actriz en la
televisión durante unos tres años cuando me pidieron
que cantara en una serie de sesiones de grabación para
un programa musical cristiano. No era cristiana en ese
entonces, así que no tenía ni idea de lo que eso era.
Mi amiga Terry fue la contratista en aquella sesión y
era responsable de contratar a todos los cantantes. Se
contaba entre las mejores cantantes de estudio en Los
Ángeles, y yo había trabajado con ella a menudo. Terry
siempre era la cantante principal, y yo estaba de pie al
lado de ella y cantaba la segunda voz.

En nuestro descanso para almorzar, salimos con un grupo grande, y me enteré de que todos los que participaban en la sesión eran cristianos excepto yo. Todos hablaron de su futuro, y el de algunos de ellos parecía ser aun más precario que el mío. Sin embargo, ninguno tenía temor de su futuro como yo del mío. Dijeron que Dios tenía un plan para sus vidas y que mientras anduvieran en la voluntad de Dios, su futuro estaba seguro en las manos de Él. Yo nunca había oído tal cosa.

Cada día de las sesiones me sentía más atraída al rumbo que aquellas personas tenían en la vida. *Me pregunto si Dios tiene un plan para mi vida*, pensé. Eso significaría que no tendría que hacer nada para que algo sucediera en mi vida. Pensé en esto durante los próximos días de las sesiones y traté de aprender más de cada uno de los cantantes durante los descansos para almorzar, sin dejarles saber por qué estaba interesada. No quería que nadie me presionara a tener una vida de propósito.

Camino a casa, tras la última sesión del último día, oré al Dios de ellos sin saber si Él podría oírme. «Dios, si tienes un plan para mi vida», dije, «necesito saber cuál es y qué es lo que debo hacer al respecto».

No oí ninguna respuesta. Como me lo imaginaba, probablemente ese Dios nunca escucharía a alguien como yo. Sin embargo, durante el transcurso de los próximos meses me pasaron muchas cosas, una de las cuales cambió mi vida para siempre: Encontré al Dios del cual Terry y sus amigos habían estado hablando. La simple oración que yo había hecho en el auto, al Dios que no ni siquiera conocía, fue contestada.

Muchos años han pasado desde el día en que decidí recibir al Señor. Durante todo ese tiempo, Dios ha cumplido sus promesas, y siempre lo ha hecho. Muchas veces parecía que no lo iba a hacer, pero lo hacía. Claro, no siempre ha sido del modo que le estaba pidiendo o tan rápidamente como quería ver que las cosas sucedieran, y gracias a Dios, no en la medida que yo me imaginaba. Siempre era mucho mejor. ¡Tanto el tiempo designado por Él como la respuesta eran correctos! Todo lo que he recibido del Señor y aun más, lo quiero para usted. Por eso le animo a que haga la oración de promesa.

Una oración de promesa es simplemente una oración en la que se incluyen palabras de la Biblia. Cuando usted entrelaza las promesas de Dios con sus oraciones, cosas poderosas suceden. Es así porque añadir la Palabra de Dios le da más peso a lo que usted dice. También aumenta su fe y le anima a creer en las respuestas a sus oraciones. Además, orar las promesas de Dios le ayuda a orar de acuerdo con la voluntad de Dios.

7 *oraciones*

La oración de promesa establece la confianza

Una vez escuché a un talentoso pastor, llamado Jerry Cook, describir la manera en que Dios nos ve. Él dijo: «Dios nos ve según nuestro futuro. Nosotros nos vemos según nuestro pasado». Nosotros miramos nuestros fracasos y como somos en este momento. Dios nos mira como Él nos hizo para que seamos. Él ve el resultado final. Dios nos acepta como somos, pero Él no nos dejará así. Debido a que nos ama tanto, va a ayudarnos a que lleguemos a ser todo para lo que Él nos creó. Si hay algo en nosotros que necesita ser cambiado, *Él* lo cambia a medida que nos rendimos a Él.

Dios no espera que seamos perfectos en *comportamiento*, sino en *corazón*. Necesitamos saber que *ya* Dios nos ve como perfectos cuando examina nuestro corazón y ve a Jesús ahí. No entender esto puede hacer que siempre estemos esforzándonos en lograr lo que es imposible y finalmente nos rindamos porque pensamos que nunca podremos ser todo lo que «debemos» ser.

En nuestra carne nos esforzamos por tener éxito. Pensamos que valemos algo cuando triunfamos, y que no valemos nada cuando perdemos. Lo que exigimos de nosotros mismos está siempre limitado por la corteza

No nos mantenemos firmes en nuestro poder; nos mantenemos firmes en el poder de Dios.

externa. La perfección humana sólo puede ser tan buena como eso. Pero Dios dice que Él quiere hacerle estar por encima de su excelencia humana. Usted se elevará al nivel y grado en que sentirá el amor de Él en su vida. Cuando se mire en el espejo y vea reflejada la excelencia de Jesús, será cuando tendrá un sentido de su verdadero valor.

Desde el principio, el plan de Dios para su vida fue la integridad y la restauración, y usted debe vivir confiando en esto. En Su palabra Él ha dicho muchas cosas maravillas sobre usted, y cuando ore estas promesas se acordará de la verdad sobre usted a medida que se mantiene en *Su* perfección.

AQUÍ TIENE SIETE COSAS QUE DIOS DICE QUE SIEMPRE SON CIERTAS SOBRE USTED. Orarlas como una oración de promesa fortalecerá la confianza en su corazón:

> *Soy un hijo de Dios, y mi herencia viene de él.*
>
> Mas a cuantos lo recibieron, a los que creen en su nombre, les dio el derecho de ser hijos de Dios. (Juan 1.12)
>
> *Tengo un propósito especial, predestinado por Dios.*
>
> Ningún ojo ha visto, ningún oído ha escuchado, ninguna mente humana ha concebido lo que Dios ha preparado para quienes lo aman. (1 Corintios 2.9)
>
> *He sido creado con un llamamiento específico.*
>
> Cada uno permanezca ante Dios en la condición en que estaba cuando Dios lo llamó. (1 Corintios 7.24)
>
> *Nunca estoy solo.*
>
> Estaré con ustedes siempre, hasta el fin del mundo. (Mateo 28.20)
>
> *Dios nunca se olvida de mí.*
>
> Dios no rechazó a su pueblo, al que de antemano conoció. (Romanos 11.2)
>
> *Me aman.*
>
> Así como el Padre me ha amado a mí, también yo los he amado a ustedes. (Juan 15.9)

Soy un triunfador.

En todo esto somos más que vencedores por medio de
   aquel que nos amó. (Romanos 8.37)

Cuando ore, dé gracias a Dios por las cosas buenas
que Él dice de usted. ¡Eso le ayudará a creerlas!

LA ORACIÓN DE PROMESA TRAE MADUREZ

Una de las últimas veces que vi a mi consejera cristiana
Mary Anne antes que se mudara, fui a hablar con ella
por un problema del que ahora no recuerdo ninguno de
los detalles. Lo que *sí* recuerdo es su sabio consejo, que
fue una palabra: «Crece», me dijo cariñosamente.

«¿Qué?» le pregunté.

«Ya es hora que crezcas, Stormie», repitió con
voz paciente. Cuando mi madre me gritó esas palabras
durante años, se sentían como una paliza. Cuando Mary
Anne me las dijo, se sintieron como provenientes del
Espíritu Santo.

«¿Que crezca?», le pregunté, esperando que me
diera un poco más de información.

«Sí, Stormie, tienes que pasar tiempo a solas con el
Señor, y hacerle las preguntas que me estás haciendo a
mí…»

Todo lo que me dijo me pareció bien, y más tarde me reí cuando le dije a Michael: «Uno tiene que confesar que si va a una consejera en busca de ayuda y ella le dice que crezca, es una señal de salud emocional ver lo cómico que eso es».

Llega un momento en nuestro andar con el Señor cuando hemos tenido bastante enseñanza, bastante orientación, bastante liberación y bastante conocimiento de los designios de Dios como para que seamos capaces de valernos por nosotros mismos y digamos: «No voy a seguir viviendo en el lado negativo de la vida». No podemos depender de otra persona para que sostenga nuestra mano y haga desaparecer los momentos difíciles. Tenemos que «crecer» y asumir la responsabilidad de nuestras vidas. Tenemos que decidir que no seremos víctimas de nuestras circunstancias porque Dios nos ha dado una salida. No tenemos que mantenernos firmes en nuestro propio poder, sino siendo fuertes en el Señor.

Al mantenernos firmes en el Señor, nos mantenemos firmes contra el enemigo. No lloramos, no nos quejamos ni lamentamos por lo que no es. Nos alegramos por lo que es y por todo lo que Dios hace. Nos mantenemos firmes en lo que sabemos y en quien confiamos. Todo esto sucede cuando oramos y creemos en las promesas de Dios.

Para hacer la oración de promesa, necesita tener bien claras en su mente las cosas que siempre son ciertas sobre Dios y compararlas con lo que está sucediendo en su vida para ver si están de acuerdo. Si teme que Dios le está castigando por algo, ¿está eso de acuerdo con la bondad de Dios? No se enfoque en lo que pasa a su alrededor, sino en lo que está en usted.

Aquí tenemos siete verdades sobre Dios que siempre se cumplen. Éstas pueden convertirse en una oración de promesa para usted.

> *Sé que Dios es un Dios bueno.*
> Bueno y justo es el Señor. (Salmo 25.8)
> *Sé que Dios está de mi lado.*
> El Señor está conmigo (Salmo 118.6)

Sé que las leyes y los designios de Dios son para mi bien.

Las sentencias del Señor son verdaderas: todas ellas
son justas… quien las obedece recibe una gran
recompensa. (Salmo 19.9, 11)

Sé que Dios está siempre conmigo.

Nunca te dejaré; jamás te abandonaré. (Hebreos 13.5)

Sé que Dios me quiere restaurado.

Tú me has librado de la muerte. (Salmo 116.8)

*Sé que las promesas de Dios para mí nunca dejarán de
cumplirse.*

Tu fidelidad permanece para siempre. (Salmo 119.90)

Sé que Dios es siempre el ganador.

[Él] triunfará sobre sus enemigos. (Isaías 42.13)

La oración de promesa le libera para vivir en la plenitud de Dios

Hay una línea divisoria bien definida entre el reino de
Dios y el de Satanás, y hay personas en los márgenes
de cada uno de ellos. No cuesta mucho hacer que las
personas entren en el territorio de Satanás y permitan
que él controle una parte de su corazón en el proceso.
Lo único que hace falta es aceptar una pequeña mentira
como: «Es mi cuerpo», «Es mi vida», o: «Tengo mis

derechos». Tales mentiras conducen a una pequeña lujuria, un pequeño adulterio, un pequeño robo y un pequeño homicidio.

Todo lo malo sucede por medio del engaño. El diablo nos atrae para que aceptemos cosas que están en contra de la voluntad de Dios. Él apela a nuestra carne y crea confusión haciendo que esas cosas parezcan diferentes tonos del color gris. Aceptamos el color gris como nada más que un tono diferente de blanco en vez de la modificación de negro que realmente es. Usted está de acuerdo con el reino de Dios o con el de Satanás. Negro es negro y blanco es blanco.

Las buenas noticias son: *No tenemos que escuchar mentiras.* Tal vez pensemos que debemos dar crédito a todo lo que entre en nuestras mentes, pero no es así. Sólo tenemos que examinar nuestros pensamientos a la luz de la Palabra de Dios y ver si de veras están de acuerdo con ella.

Un espíritu maligno está siempre detrás del engaño. Esto quiere decir que cada engaño trae una esclavitud que sólo puede ser quitada sustituyendo el engaño con la verdad de Dios, y viviendo como corresponde. Sin que la Palabra de Dios llene su mente de la verdad, usted no puede identificar las mentiras. Y sin orar diariamente:

«Señor, líbrame de engaños», no puede rechazar al impostor. Todo lo que no sepa de Dios, el diablo lo usará en su contra.

Uno de los primeros pasos de obediencia es hacerse cargo de su mente. A menos que usted permita que la verdad de la Palabra de Dios llene y controle su mente, el engañador entrará sigilosamente para manipularle según su propósito. Dios quiere que seamos libres del dominio mortal del pecado, ya sea que hayamos actuado en ignorancia o con plena conciencia, y ya sea que nos sintamos culpables o no. Cuando se dé cuenta de que le han engañado, confiéselo y arrepiéntase de inmediato. Pídale a Dios que derrame su misericordia sobre usted y le libre de la pena de muerte por su pecado.

Después de confesarlo y orar, no deje que el diablo siga acusándole. Usted ha hecho borrón y cuenta nueva con Dios, así que sea libre para vivir en la plenitud de todo lo que Dios tiene para usted.

La oración de promesa trae provisión en el nombre de Jesús

Imagínese el poder del nombre de Jesús para aquellos que lo conocen y aman. Hay ciertas garantías y recompensas que son inherentes a reconocer simplemente el nombre de Jesús. Por ejemplo la Biblia dice: «Torre inexpugnable es el nombre del Señor; a ella corren los justos y se ponen a salvo» (Proverbios 18.10). Hay un manto de protección sobre alguien que invoca el nombre del Señor.

El Señor tiene muchos nombres en la Biblia, y cada uno de ellos expresa un aspecto de su naturaleza o uno de sus atributos. Cuando lo reconocemos por esos nombres, lo invitamos a ser esas cosas para nosotros. Por ejemplo, se le llama Sanador. Cuando decimos: «Jesús, tú eres mi Sanador», y lo combinamos con la fe, este atributo influye en nuestra vida. Esto es hacer una oración de promesa.

Una de las razones por las que no tenemos la integridad, la realización y la paz que deseamos es que no hemos reconocido a Dios como la respuesta a cada necesidad que tengamos. Pensamos: «Él me habrá dado la vida eterna, pero no sé si pueda resolver mis problemas económicos». O pensamos: «Sé que puede guiarme a un mejor trabajo, pero no estoy seguro de que pueda restaurar este matrimonio». «Me sanó la espalda, pero no sé si pueda quitarme esta depresión». La verdad es que Él es todo lo que necesitamos, y debemos recordar esto siempre. De hecho, es bueno decirse diariamente: «Dios es todo lo que necesito», y luego decir que el nombre del Señor es la respuesta para su necesidad específica en ese momento.

¿Necesita tener esperanza? A Él se le llama nuestra Esperanza. Diga: «Jesús, tú eres mi Esperanza».

¿Es débil? A Él se le llama nuestra Fuerza. Diga: «Jesús, tú eres mi Fuerza».

¿Necesita consejos? A Él se le llama Consejero. Diga: «Jesús, tú eres mi Consejero».

¿Se siente oprimido? A Él se le llama Libertador.

¿Se siente solo? A Él se le llama Compañero y Amigo.

A Él también se le llama Emanuel, que significa Dios con nosotros. Él no es alguien distante y frío, que no se interesa en usted. Él es Emanuel, el Dios que está con usted ahora mismo, en la medida que lo reconozca en su vida.

AQUÍ TENEMOS SIETE ATRIBUTOS DEL SEÑOR. Incluirlos en su oración de promesa le recordará que Dios le conoce y se preocupa por usted:

Él es mi Restaurador. (Salmo 23.3)
Él es mi Consolador. (Juan 14.16)

Él es mi Fuerza. (Isaías 12.2)

Él es mi Esperanza. (Salmo 71.5)

Él es mi Redil. (Jeremías 50.6)

Él es mi Amparo. (Salmo 18.2)

Él es mi Refugio de la Tormenta. (Isaías 25.4)

Dios es la inteligencia suprema que nos creó, y Él nos conoce mejor de lo que jamás nos conoceremos nosotros. Él es poderoso para ayudarnos, y nos ama de manera inconmensurable. Sin Él, la restauración completa es imposible en nuestras vidas. Todas las cosas que necesitemos que sean mejoradas en nosotros, nunca lo serán. Reconocerlo a Él como la respuesta a cada necesidad es el cimiento sobre el cual se establece la integridad.

Nuestra ayuda está en el nombre del Señor.

SALMO 124.8

La oración de

Bendición

La bendición del SEÑOR sea con ustedes.

—SALMO 129.8

LA
Oración

DE BENDICIÓN

UNA VEZ, LE DI a mi hija Amanda, cuando tenía seis años de edad, una cajita decorativa. Dentro puse una pequeña joya que ella había querido tener por mucho tiempo.

Cuando desenvolvió el regalo y vio la cajita, comentó felizmente sobre cada detalle: «¡Ay mamá, es tan hermosa! Mira las rosas rosadas y las cintas pintadas, y fíjate qué pequeña es la cerradura dorada. ¡Ésta es la caja más bonita que he visto!»

Ella estaba a punto de guardar la caja en su cuarto, cuando le dije: «Amanda, ábrela».

La abrió y dio un grito: «¡Ah, gracias mamá! ¡Es el collar que yo quería!» exclamó y salió corriendo al espejo para ponérselo.

Me quedé allí pensando: *Ella habría sido feliz con sólo tener la caja bonita.* Y luego pensé cómo nuestro Padre celestial nos da regalos, y a menudo no los desenvolvemos ni poseemos todas las cosas que Él tiene para nosotros porque no las vemos o no nos damos cuenta de que están allí para nosotros, o no se las pedimos. Dejamos que sus regalos se queden sin abrir.

LA ORACIÓN DE BENDICIÓN POR EL PODER DE DIOS

El poder de Dios es un regalo para que lo usemos, entre otras razones, para la curación de nuestras almas; y cualquiera que desee la salud emocional y la restauración, debe tener acceso a Él. Dios quiere que usted sepa «cuán incomparable es la grandeza de su poder a favor de los que creemos» (Efesios 1.19), así que él puede «[fortalecerle con poder por medio de su Espíritu] en lo íntimo de su ser» (Efesios 3.16).

Usted no puede conjurar, apropiarse por medio de la fuerza o exigir el poder de Dios; sólo puede recibirlo de Él. Oswald Chambers dice que el propósito de Dios

para mí es «que dependa de Él y de su poder ahora».
Al depender del poder de Dios en vez del suyo, usted
cumple el propósito de Dios para su vida.

Si se siente impotente y débil ante sus
circunstancias, entonces dé gracias a Dios porque
aunque *usted* es débil, *Él* no lo es. Él dice: «Mi poder
se perfecciona en la debilidad» (2 Corintios 12.9).
Como Jesús fue crucificado en debilidad y ahora vive
en todo poder, lo mismo es cierto en cuanto a nosotros
si venimos a Él en debilidad. Nuestro poder proviene
del Espíritu Santo que obra en nosotros. Jesús dijo a
sus discípulos: «Cuando venga el Espíritu Santo sobre
ustedes, recibirán poder» (Hechos 1.8).

Siempre necesitamos un mover nuevo del Espíritu
Santo. Pida uno diariamente. Cada mañana diga: «Dios,
necesito un mover nuevo del poder de tu Espíritu Santo
que obre en mí el día de hoy. Soy débil, pero tú eres
todopoderoso. Manifiesta tu poder en mí este día». Ésta
es una oración de bendición llena de poder.

No sea una víctima de sus circunstancias. No se
deje atormentar. No se cruce de brazos cuando la vida
parezca derrumbarse. No viva su vida dependiendo de la
energía humana. Pídale a Dios que obre en su vida por

su poder, y permita que su poder le capacite a elevarse por encima de sus limitaciones.

Si alguna vez se siente abrumado por las muchas cosas que piensa que tiene que hacer para lograr la integridad completa, o si tiene dudas sobre si realmente podrá hacer todo lo que es necesario, entonces *debe recordarse a sí mismo que el Espíritu Santo realiza la integridad en usted, a medida que se lo permite.* Deje que *Él* lo haga. Todo lo que *usted* tiene que hacer es decirle a Dios que quiere que *Sus* propósitos se conviertan en los suyos, y luego vaya paso a paso según le sea revelada. El poder de Dios que obra en su vida y a través de ella abrirá puertas que jamás se habría imaginado.

¿De qué le sirve el poder de Dios si nunca lo recibe y lo usa? Dígale a Dios que quiere recibir su regalo de poder, y mire cómo le bendice con ello. Su vida depende de ello.

LA ORACIÓN DE BENDICIÓN POR LA FE

La fe es un músculo espiritual que se tiene que ejercitar a fin de evitar la atrofia, que debilita todo nuestro ser espiritual. La fe es primero una decisión, luego un ejercicio de obediencia, y después un regalo de Dios según se multiplica. Nuestro primer paso de fe lo damos cuando decidimos recibir a Jesús como nuestro Salvador. Después de esto, cada vez que decidimos confiar en el Señor para algo, edificamos esa fe. Siempre que decidimos no confiar en Dios, la derribamos. La fe es nuestra decisión diaria de confiar en Dios.

La fe es un don de Dios en el sentido que Él nos *capacita* para creer, pero tenemos que obedecer edificando sobre esa fe. ¿Cómo comenzamos a edificar la fe? El primer paso es ser totalmente sinceros sobre cualquier duda que tengamos en cuanto a la capacidad de Dios o a su fidelidad para suplir cada una de nuestras necesidades. La duda emana de una mentira del enemigo, la cual dice que Dios no es todopoderoso. Si usted ha prestado atención a esa mentira, confiéselo como un pecado.

El siguiente paso es llenar su mente de la Palabra: «La fe viene como resultado de oír el mensaje, y el mensaje que se oye es la palabra de Cristo» (Romanos 10.17). Leer la Palabra diariamente, sometiéndose con regularidad a las enseñanzas de la Biblia, y hablar de la Palabra en voz alta, edificará la confianza. Su boca y su corazón tienen que estar unidos en esto.

Puesto que nuestras oraciones sólo serán tan fuertes como nuestra fe en Dios, siempre es bueno leer la Palabra antes de orar. Pídale a Dios que le dé fe cada vez que ore, y trate de seguir leyendo hasta que sienta que la fe aumenta en su corazón. La fe muestra el camino de la oración contestada. Siempre que tengo temor o dudo que mi vida está segura, leo la Biblia hasta que siento la paz de Dios en mí. Cuanto más leo, más esperanza tengo. Entonces, cuando oro, confío en que Dios contestará mis oraciones.

La Biblia dice lo siguiente de las personas que no pudieron entrar en la tierra prometida: «Como podemos ver, no pudieron entrar por causa de su incredulidad» (Hebreos 3.19). No deje que eso le suceda. Decida entrar en todo lo que Dios tiene para usted, mediante la oración de bendición por la fe. Cuando ha florecido, la fe da origen a la esperanza. La esperanza y la fe juntas le dan una visión para su vida.

La fe es confianza indescriptible en Dios, confianza que nunca se imagina que Él no estaría a nuestro lado. OSWALD CHAMBERS

LA ORACIÓN DE BENDICIÓN POR LA INTEGRIDAD

Dios creó el mundo por medio de su palabra. Como somos hechos a su semejanza, y su Espíritu mora en nosotros, tenemos también el poder de crear nuestros propios mundos por medio de nuestras palabras. Cuando hablamos negativamente de nosotros o de nuestras circunstancias, impedimos la posibilidad de que las cosas sean diferentes.

Temprano en mi andar con el Señor dije muchas cosas negativas como: «Soy un fracaso», «Soy fea», «Nunca nada me sale bien», «Nadie realmente se preocupa por mí», hasta que un día el Espíritu Santo le habló a mi corazón por medio de Proverbios 18.21: «En la lengua hay poder de vida y muerte». Un rápido recuento de las cosas que yo había dicho en voz alta y en mi mente, reveló que yo había estado diciendo palabras de muerte y no de vida. Esa idea fue espantosa.

Un ejemplo claro de lo que este versículo bíblico me dijo, tuvo que ver con mis defectos del habla. Yo los había tenido desde la infancia, y se burlaron de mí a causa de ellos hasta que terminé la escuela. Tan pronto como tuve edad para trabajar y poder costear ayuda profesional, fui con un terapeuta del habla cada semana.

Practiqué día tras día, año tras año, para lograr lo que sólo parecía ser una pequeña mejoría.

Dos años después de que Michael y yo nos casamos, hicimos algunos conciertos juntos, y me pidieron que hablara sobre el tema de la asistencia médica en clases semanales en la iglesia. A pesar de todo mi duro esfuerzo con el terapeuta, perdía la voz a mitad del camino en cada clase, debido a la tensión en mi cuello. Me desanimé profundamente y me sentía como una fracasada.

«Nunca podré hablar bien», grité una y otra vez en desesperación y frustración. Pero un día, cuando dije esas palabras, el Señor le habló a mi corazón diciéndome: *Estás trayendo la muerte a tu situación porque no dices la verdad sobre ella.*

«¿Qué quieres decir, Señor? ¿Debería negar lo que realmente me pasa?», le pregunté a Dios.

No digas lo que piensas que es verdad o lo que parece ser verdad, le contestó Él a mi corazón, *di lo que sabes que es la verdad de mi Palabra.*

Durante los próximos días, dos versículos de la Biblia me llamaron la atención: Isaías 32.4: «La lengua tartamuda hablará con fluidez y claridad», y: «He puesto mis palabras en tu boca» (Isaías 51.16).

Después de eso, cada vez que me sentía tentada a ceder ante el desaliento, me decía a mí misma esos versículos, y le decía a Dios: «Gracias, Señor, por ayudarme a hablar despacio y claramente. Puedo hacer todas las cosas por Cristo que me fortalece. Te alabo, Señor, porque tú me darás las palabras que yo debo decir y las ungirás para que tengan vida».

Eliminé deliberadamente otras palabras negativas de mi vocabulario. Ya no dije: «Soy un fracaso», porque la Palabra de Dios dice que lo opuesto es cierto en cuanto a mí. Dejé de decir: «No tengo ninguna esperanza», y comencé a reconocer a Dios como la esperanza de mi vida.

Poco después, cuando me pidieron que hablara en una gran reunión femenina, le entregué todos mis temores al Señor en oración, y no dejé que mi boca dijera que iba a fallar. Dije la verdad de Dios en vez de expresar mis propias opiniones negativas. Por consiguiente, mi charla fue tan buena que todo un ministerio de conferencias se abrió para mí.

A menudo decimos lo que oímos que el diablo susurra a nuestra mente, o nos repetimos lo que alguna persona nos dijo hace años: «Eres una basura. Nunca llegarás a nada». La Biblia dice: «Verbalmente te has

> *Cuando hable de sí mismo, diga palabras de esperanza, salud, ánimo, vida y propósito: Son la verdad de Dios para usted.*

comprometido, enredándote con tus propias palabras» (Proverbios 6.2). Eso incluye los mensajes silenciosos que nos enviamos a nosotros mismos, así como lo que decimos en voz alta.

Cuando hable de sí mismo, diga palabras de esperanza, salud, ánimo, vida y propósito, que son la verdad de Dios para usted. Borre de su vocabulario las palabras de desesperación, duda y negatividad. Tal vez le parezca que lo que dice es inofensivo, pero afecta a su cuerpo y su alma. Sus palabras promueven salud y vida o enfermedad y muerte. Sea obediente al Señor al decir palabras que reflejen la integridad que usted desea.

Dios tiene tantas cosas para usted. Aprenda a orar como Él quiere que lo haga, para que pueda llenarle de sus bendiciones más abundantemente de lo que usted se puede imaginar.

Los ojos del Señor están
sobre los justos, y sus oídos,
atentos a sus oraciones.

1 PEDRO 3.12

r e c o n o c i m i e n t o s

Reconocemos con agradecimiento a las siguientes editoriales por su permiso para reimprimir este material con derechos de reproducción. La autora tiene todos los derechos de reproducción.

Omartian, Stormie, *Finding Peace for Your Heart* (Nashville: Thomas Nelson Publishers, 1991).

Omartian, Stormie, *Señor, quiero sentirme restaurada* (Nashville: Grupo Nelson, 2002).

Omartian, Stormie, *Cómo orar por la voluntad de Dios para tu vida* (Nashville: Grupo Nelson, 2004).

Omartian, Stormie, *Praying God's Will for Your Life Workbook and Journal* (Nashville: Thomas Nelson Publishers, 2002).